Albert Freybe
Ostern in Sage, Sitte und Dichtung

SEVERUS Verlag

ISBN: 978-3-95801-521-0
Druck: SEVERUS Verlag, 2016

Lektorat und Satz: Caroline Giesenberg

Der SEVERUS Verlag ist ein Imprint der Diplomica Verlag GmbH.
Bibliografische Information der Deutschen Nationalbibliothek:
Die Deutsche Nationalbibliothek verzeichnet diese Publikation in der
Deutschen Nationalbibliografie; detaillierte bibliografische Daten
sind im Internet über http://dnb.d-nb.de abrufbar.

© SEVERUS Verlag, 2016
http://www.severus-verlag.de
Printed in Germany
Alle Rechte vorbehalten.
Der SEVERUS Verlag übernimmt keine juristische Verantwortung
oder irgendeine Haftung für evtl. fehlerhafte Angaben und deren
Folgen.

Albert Freybe

Ostern in Sage, Sitte und Dichtung

Inhalt

Vorwort 3

1. Ostern und Ostara 9

2. Die volkstümlichen Ostersitten 19

3. Die kirchlichen Ostersitten 45

4. Die Darstellung der Auferstehung
und der Höllenfahrt im angelsächsischen Epos 64

5. Die Darstellung der Ostergeschichte
im altsächsischen Heliand 77

6. Die Darstellung der Auferstehung Christi
im deutschen Kunstepos des Mittelalters 85

7. Christi Auferstehung in Klopstocks Messiade 98

8. Ostern im Drama des Mittelalters 111

9. Goethes Faust als Osterdrama 157

10. Österliche Heils- und Naturfreude
in kirchlicher und weltlicher Dichtung 161

Vorwort

Wenn der Verfasser auf sein „Weihnachten"[1] und den „Karfreitag" (Gütersloh 1877) nunmehr Ostern in deutscher Sage, Sitte und Dichtung folgen läßt, so ist er sich auch hier voll bewußt, daß er nur einen Bruchteil aus dem reichen Kranze gibt, welchen unser einst so osterfreudiges Volk in Sage, Sitte und Dichtung zum Schmucke dieses Licht- und Lebensfestes ohne gleichen gewunden hat. Gleich den beiden andern genannten kleinen Schriften aus öffentlichen Vorträgen entstanden und für weitere Kreise verfaßt, mußte auch diese sich in gewissen Grenzen stofflicher Beschränkung halten. Wie leicht auch z.B. die Mitteilung aus den deutschen Osterdramen um das Zehnfache vermehrt werden konnte, so erschien doch für diese Kreise das Wenige mehr als das „Zuviel". Wenn aber gerade die eigentliche Blütenkrone unserer Osterdichtung, das Kirchenlied, hier ausgeschlossen blieb, so liegt der Grund darin, daß sie ja jedem in seinem Gesangbuche vorliegt, abgesehen davon, daß der Verfasser sie schon in seinem „Christoforus", Leipzig 1882 mit Einschluß der lateinischen Hymnen und Sequenzen vom 4. Jahrhundert an darbot. – Ebenso ist diesmal auf Goethes Faust als Osterdrama S. 130 s. nur hingedeutet. Daß wir aber in ihm wirklich das großartigste Osterdrama der neueren Zeit ebenso besitzen wie in Wolframs Parzival das gewaltigste Karfreitagsepos aller Zeiten, das ist dem Verfasser aufs neue gewiß geworden. Möge man über Goethe und Wolfram von Eschenbach, über Geist und Kul-

---

[1] Leipzig, Verlag der Hinrichs'schen Buchhandlung. 3. Auflage.

tur des achtzehnten bzw. neunzehnten und des dreizehnten Jahrhunderts urteilen wie man will: zwei Blütezeiten unserer deutschen Literatur, die als Marksteine auf der einen Seite das Karfreitagsepos Wolframs, auf der andern das Osterdrama Goethes haben, werden jedem, der das geistige Leben unseres Volkes mit warmem Herzen verfolgt, auch wenn er ohne alle Schwärmerei und ohne allen Kultus des Genius sich in diese gewaltigsten Dichtungen vertieft, nicht nur auf lange Zeit hin Gegenstand ergiebiger Untersuchung bleiben, sondern ihm u.a. auch zeigen, daß es nicht zufällig und bedeutungslos ist, wenn für den Dichterfürsten des Mittelalters Karfreitag, für den der späteren Zeit dagegen Ostern der Höhepunkt ist, auf dem die Krisis, die Seelenwendung, die definitive Entscheidung des Menschenlebens prinzipiell erfolgt. Ja es erscheint jenes Karfreitagsepos wie dies Osterdrama auch in der Wahl der kritischen Tage nicht nur als ein Seelen-, Zeit- und Weltbild, sondern auch als ein Volksbild von bedeutsamer Tiefe und Tragweite.

Wenn Wolfram sagt: „In der Menschheit ist ein wilder Zug," – jener Zug, jene Flucht des ebenso trotzigen wie verzagten Herzens von Gott weg: – Goethes Faust hat ihn für die Menschheit des neunzehnten Jahrhunderts in großartig typischer Weise dargestellt. Auch unser Volk ist des Zeuge. Derselbe Faust, der in des Osterfestes erster Feierstunde von dem Lebensfürsten „mächtig und gelind Gesuchte", dem so ahnungsvoll erklang des Glockentones Fülle, dem ein Gebet war brünstiger Genuß, der in tiefer österlicher Heils- und Naturfreude einst „unter tausend heißen Tränen sich fühlte eine Welt erstehn," – derselbe ist's, der nach definitiver Abweisung und Verwerfung der Osterbotschaft sich in entsetzlicher Weise von dem Fürsten des Lebens lossagt mit den Worten: „Fluch jener höchsten Liebeshuld, Fluch sei der Hoffnung, Fluch dem Glauben und Fluch vor allem der Geduld!" – worauf jener unsichtbare Engelchor ihm, der einst „an Hoffnung reich, im Glauben fest" gewesen, zuruft:

> Weh, weh! Du hast sie zerstört, die schöne Welt, –
> Sie stürzt, sie zerfällt!

Faust, dem so ahnungsvoll erklang des Glockentones Fülle – er ruft zuletzt, nachdem er, statt an der Hand des auferstandenen Lebensfürsten aufwärts zu trachten und zu gehen, nun an der des Lügners und Schandgesellen von der oberflächlichen Gemeinheit in die Tiefe der Fleischeslust geraten und alle Freuden dieser Welt bis zum Ekel gekostet hat, beim Klang der Glocke: „Verdammtes Läuten." Ja, in der Menschheit ist ein wilder Zug. Derselbe „wilde Zug" von dem auferstandenen Lebensfürsten und seiner Kirche hinweg, dieser wilde Zug, dessen Sprache lautet: „Lasset uns zerreißen ihre Bande und von uns werfen ihre Seile" – heute geht er in grauenvoller Weise auch durch ganze Schichten unseres Volkes, das einst dem Oster- und Siegesfürsten huldigte wie kein anderes Volk. Was wird das Ende sein?

Ob unser Volk, das auch einmal an Hoffnung reich, im Glauben fest war, noch einmal wie früher unter die Siegesfahne des Auferstandenen treten wird? –

Der einst von Gott Geliebte, so „mächtig und gelind" durch die Osterbotschaft Berufene, er ward „der Gottverhaßte, der Unmensch ohne Zweck und Ruh" und sein Ende das „Her zu mir!" aus dem Munde des Lügners und Seelenmörders.

Mächtig und gelind zugleich ist auch unser Volk berufen und hat sich einst freudig bereit zu der Siegesfahne des Auferstandenen gesammelt, und ihm gehuldigt mit allen Kräften des Leibes und der Seele, wie es die vorliegenden Blätter bezeugen. Nun aber, ergriffen von jenem „wilden Zuge" von Gott weg, ist es in großen breiten Schichten gerade wie jene dunkle Gestalt der deutschen Sage, im Begriff, wieder abzufallen. Wie es mit Faust im Rückblick auf seine, von hoher österlicher Heils- und Naturfreude erfüllte Jugendzeit sagen muß:

> Sonst stürzte sich der Himmelsliebe Kuß
> Auf mich herab in ernster Sabbathstille,
> Da klang so ahnungsreich des Glockentones Fülle
> Und ein Gebet war brünstiger Genuß.
> Ein unbegreiflich holdes Sehnen
> Trieb mich durch Wald und Wiesen hinzugehn
> Und unter tausend heißen Tränen
> Fühlt ich mir eine Welt erstehn,

jene neue Lebenswelt der nach Kol. 3, 1 mit Christo Auferstandenen mit ihrem Erbe unvergänglich, unbefleckt und unverwelklich, ebenso rufen heute schon manche Stimmen beim Klang der Glocken teuflisch frech in die Welt hinein: „Verdammtes Läuten"! Weg mit allem Glauben, weg mit den Glocken, weg mit der Kirche, weg mit ihren Festen, weg mit Christo selbst – so heißt es jetzt schon mit Worten. Weg mit ihm! wird es bald heißen mit der Tat. Wiederum hören wir die entsetzlichen Worte: „Fluch jener höchsten Liebeshuld, Fluch sei der Hoffnung, Fluch dem Glauben und Fluch vor allem der Geduld!" Und wiederum klagen trauernde Engel:

Weh, weh! Du hast sie zerstört, die schöne Welt,
Mit mächtiger Faust! Sie stürzt, – sie zerfällt.

Denn wo Christus, der wahrhaftige Gottes- und Mariensohn, der gekreuzigte und wahrhaftig auferstandene, gen Himmel gefahrene und weltbeherrschende Lebensfürst verworfen wird, da – wird Barrabas los. Christus, oder – der Umsturz. Einen „Genius Deutschlands" gibt es nicht, wohl aber einen treuen lebendigen weltbeherrschenden Heiland, welcher unsere Sünden trägt, der da spricht: „Ob eure Sünde blutrot wäre, so soll sie doch schneeweiß werden," und einen Lügner und Mörder von Anfang, der zum Umsturz aller göttlichen Lebensordnungen und zum Abgrund führt. Also Christus – oder Barrabas; wahres Volksheil, wahre Hoheit und Größe durch und mit dem, der da spricht: „Ich lebe und ihr sollt auch leben! siehe, ich mache alles neu" oder – Umsturz, Brand und Mord. Wird Christus, der Fürst des Lebens, verworfen, so wird Barrabas los. (Luk. 23, 18. 19.) Barrabas aber war ein Mörder und mit ihm

„Werden los die schwarzen Scharen,
Die so lang gebunden waren.
Hinterlist mit Netz und Stricken,
Lüge mit dem falschen Wort,
Neid, der mit den hohlen Blicken,
Mit dem blutgen Dolche Mord,
Meineid mit dem giftgen Mund, Gotteslästerung – toller Hund," –

ein Höllenleben statt eines seligen Osterlebens. Noch suchet mächtig und gelind die Osterbotschaft uns im Staube, noch hallt das „Christ ist erstanden" durch alle Lande, jenes Lied, von dem Luther sagt: Alle Lieder singt man sich müde, nur nicht das „Christ ist erstanden". Doch nur „die sich verdammen, heilet die Wahrheit"; „über sie – so muß der Satan selbst bekennen – habe ich keine Gewalt", und noch öffnet sich über jeder armen Sünderseele, die sich selbst richtet, der Himmel mit der seligen Botschaft „Ist gerettet", gerettet durch den, der am Karfreitage, „aller Tage trübstem" um unserer Sünde willen dahingegeben und zu Ostern, der Krone aller Freudentage, zu unserer Rechtfertigung auferweckt ist. Das ist unser festversiegelter Christenglaube.

Und wenn Wolfram von Eschenbach sagt: „Man soll in lichter Weite Christenglauben künden", so wollen wir's auch tun zu unseres armen Volkes Heil, daß es nicht nur von den Kanzeln, sondern auch in den Schulen und Häusern und Rathäusern, auf allen Wegen und Stegen, in den Tiefen und auf den Höhen, wo einst der Ostara die Osterfeuer flammten, erschalle:

> Christ ist erstanden
> Von der Marter alle.
> Des sollen wir alle froh sein,
> Christ will unser Trost sein.

Gott gebe, daß heller als die Osterfeuer der Ostara in unsern Landen wieder jenes Feuer flamme, von dem der Herr spricht: „Ich bin gekommen auf Erden ein Feuer anzuzünden, und wie wollte ich, es brennte schon!" Ob das Feuer des Glaubens, der Liebe, der Hoffnung, das der Herr einst auch im deutschen Volke entflammte, bei ihm je wieder leuchten wird? *Resurrexit. Vivit.* „Die sich verdammen, heilet die Wahrheit."

Erst Karfreitagsbuße, also daß alles Volk unter dem Kreuze wieder wie damals (Lut. 23, 48) an seine Brust schlägt und umkehrt:

> Dann heb auch du aus Gram und Sorgen,
> Zerschlagnes Volk dein Angesicht,
> Und hoffe, daß ein Ostermorgen.
> Aus dem Karfreitagsdunkel bricht.

Parchim, am Sonntag Oculi 1893.

1. Ostern und Ostara

Wenn die Feste die Ruhepunkte des Jahres sind, ohne welche das Leben grau und trostlos erscheinen würde, so ist Ostern das Hauptfest, das Licht- und Lebensfest ohne gleichen.

Die Feste wollen das Leben trösten und schmücken und nur die religiösen Feste haben sich, soweit die menschliche Geschichte reicht, als wirkliche Feste erwiesen und erhalten; unter ihnen aber vor allen andern Ostern, das Fest des Lebensfürsten, welcher aus der Nacht des Grabes erstanden, Leben und unvergängliches Wesen ans Licht brachte und dem Tode, dem König der Schrecken, die Macht nahm.

Darum ist Ostern ein trostreiches Fest wie kein anderes, darum ist es das Urfest der Christenheit, das Fest schlechthin, von dem kaum zu sagen ist, in welcher christlichen Zeit es entstand: es ist mit der Kirche entstanden und sie mit ihm; es ist das Fest, das einmal im Jahre vollständig auftritt, aber in allen andern Festen von irgend einer Seite wiederkehrt und eben dadurch alle christlichen Feste erst zu Festen, zumal unsern Sonntag erst zum Sonntag, zum Tag des Herrn, zum *dies dominica*, zum Tage des auferstandenen Lebensfürsten, zum *dies regalis* und *dies paschalis* macht.

Aber auch die Feste des germanischen Heidentums, welches auf die Natur gegründet war, wollten in ihrer Weise das Leben trösten, aufrichten, schmücken. Diese seine Feste sind Feiern natürlicher Erscheinungen, sind Feste der Naturfreude, wie die kirchlichen solche der Heilsfreude sind. Das natürliche Jahr fiel bei unsern heidnischen Vorfahren mit dem religiösen zusammen und der bürgerliche Kalender war zugleich der gottesdienstliche.

Da bestand nun ein wesentlicher Teil der Aufgabe der Kirche darin, diese germanischen Naturfeste als Feiern natürlicher Erscheinungen umzubilden zu Festen der Heilstatsachen und der Heilsfreude. Wie man gegen manche heidnische Sitte sehr schonend verfuhr, zeigt z.B. ein Brief Gregors des Großen an den Abt Mellitus, der auf die Bekehrung der Angelsachsen bezüglich die Anweisung enthält, nach welcher traditionell in aller Folgezeit unter deutschen Heiden die Mission betrieben wurde. In diesem Briefe wird empfohlen, die Tempel der Heiden nicht zu zerstören, sondern in christliche Kirchen zu verwandeln, damit das Volk an den durch lange Gewohnheit geheiligten Orten desto lieber und eher an den Dienst des wahren Gottes sich gewöhne. Die Opfermahlzeiten im Dienste der Götter sollten in Mahlzeiten zu Ehren der Märtyrer verwandelt werden. Noch den Bonifatius ermahnte sein Freund Bischof Daniel von Winchester, erst langsam von Bekämpfung des heidnischen Aberglaubens zur Anknüpfung christlichen Glaubens überzugehen, ohne dem Volke seine an- und eingeborne Naturfreude zu nehmen. Aufs herrlichste gelang ihr dies bei der Umbildung der alten germanischen Julfeier zur Weihnachtsfeier, und ebenso bei der Feier der Auferstehung des Herrn, des neutestamentlichen Passahfestes aus der altheidnischen Osterfeier. Erhielt doch dies neutestamentliche Passahfest in Deutschland geradezu von jener heidnischen Feier den Namen Ostern, wie der April, in welchen zumeist das Fest fällt, nach Einhards Leben Karls des Großen (Kap. 29) Ostermonat (ôstermanôth)) hieß.

Ja es ist eine bedeutsame sprachgeschichtliche Tatsache, daß, während unsere sämtlichen Nachbarvölker außer den germanischen Angelsachsen den biblischen Namen *Passah* sich aneigneten, es von der deutschen Kanzel hallt: Lasset uns Ostern halten. Aber nicht nur die Nachbarvölker entlehnten den Namen für das Fest dem jüdischen Passah, wie die Franzosen ihr *pâques*, auch bei germanischen Stämmen finden wir diese Benennung. Auch die Goten nannten das Fest der Auferstehung *paska*. und ebenso heißt es mittelniederdeutsch *pâsken*, neuniederdeutsch *paasch*, neuniederländisch die *paasch*, altfriesisch *pascha*, altnorwegisch *pâskir*, schwedisch *pásk*, dänisch *paaske*. Ja selbst altsächsisch heißt es *pascha*, und *pasca*, während wiederum angelsächsisch *eóstre*.

Also waren es nicht alle germanischen Stämme, welche ein deutsches Ostern feierten, sondern nur die mittel-, west- und süddeutschen neben den Angelsachsen, bis dann das Hochdeutsche, insbesondere durch Luthers Bibelübersetzung, den deutschen Namen über ganz Deutschland zurückführte.

Und was bedeutet das Wort Ostern? Es ist der Plural vom althochdeutschen *ôsreâ*, angels. *eóstre* und kann Genitiv und Dativ sein. Als Genitiv bedeutet es von Osten her, wie man z.B. sagte: des Tages Helle dringt ostern (von Osten her) durch die Wolken[2]; als Dativ zum Osten, oder auch im Osten.

Dem aus Osten (*ostern*) aufstrahlenden Lichte ging man freudig festlich entgegen[3], zumal zu dieser Zeit, wo nun das Licht gesiegt hat und fortan wächst bis zur Sonnenwende im Hochsommer. Mit dem allverbreiteten Licht kommt neues Leben. So war diese Feier wohl zunächst eine Feier der Morgenröte, wie denn auch das Wort Osten und ostern (altind. *ausôs*) zusammenhängt mit der altindogerm. Bezeichnung für Morgenröte, welche altind. *usrâ*, lat. *aurora*, griech. ἠώς lit. *auszra* heißt. Zwischen den Buchstaben *s* und *r* wird im Germanischen ein *t* ein-

---

2 Wigal. 10 882.

3 Wie man auch sonst die ausgehende Sonne durch Hauptentblößung begrüßte.

geschoben, wie z.B. aus indogerm. *swesr*, gemeingerm. *swestr* wurde.

Die altindogermanische *Aurora* hätte also den Charakter einer Tageslichtgöttin mit dem einer Lichtgöttin des Frühjahrs vertauscht, wenn J. Grimm in seiner Mythologie (2. Ausg. 267) eine deutsche Göttin *Ôstarâ* richtig mutmaßt. Er tut dies, gestützt auf eine Stelle in der Kirchengeschichte des Angelsachsen Beda, der in seiner Schrift *de temporum ratione* (ums Jahr. 730) Kap. 13 in *Eóstra* den Namen der Göttin des neuen Frühlingslichtes bei den Germanen sieht. Ostern wäre also eine Bezeichnung eines altheidnischen Festes der Westgermanen, welche auf einer altgermanischen *Austrô* beruhte, die mit der indischen *usrâ* = Morgenröte identisch wäre. Der Name *Eástre*, *Eostre*, ahd. *Ostara*, ist mit Osten und sanskr. *Ushas* aufs engste verwandt und bedeutet eine Göttin der aufgehenden Sonne, oder des wiederkehrenden Lichts im Frühling. Die Morgenröte selbst wird als eine leuchtende Jungfrau Ushas angerufen, deren Namen (von *vas* glänzen) und Wesen eins ist mit der griechischen *Eôs*. Ushas verleiht kostbare und herrliche Gaben, die ersehnten, von der Finsternis verborgenen Schätze. Sie bringt das Gold der Sonne zurück[4]. In der Edda freilich erscheint keine Spur der Ostara, nur ein Zwerg trägt den Namen Austri. Er bedeutet die Himmelsgegend des Sonnenaufgangs, wie *ostar* (ostwärts) die Richtung gegen Morgen.

Dagegen ist uns im Kloster Corvei an der Weser ein altsächsischer Bardenchor erhalten (Montan. I, 28), der, wenn er anders echt ist, auf die Verehrung einer Göttin Ostara hinweist, und den wir in Beziehung auf Ostern nicht übergehen dürfen. Er lautet:

---

4 Vgl. Mannhardt, Die Götter der deutschen und nordischen Völker. Berlin 1860, S. 61.

Eostar, Eostar,	Ostara, Ostara,
eordhan modor,	der Erde Mutter,
geune these	lasse diesen
acera vaxeandra	Acker wachsen
and virdhendra,	und grünen,
ea cinendra,	ihn blühen,
eluiendra,	Früchte tragen,
frida him!	Friede ihm!
That his yrdh si gefridhod,	Daß seine Erde sei gefriedet,
and heo si geborgun,	und sie sei geborgen,
as his halige	wie die Heiligen,
the on hoefenum sint.	die im Himmel sind.

Aus diesen Versen würde hervorgehen, welchen großen Einfluß man der Göttin Ostara als der des aufsteigenden Lichts, der Morgenröte wie des Frühlings auf den Feldbau zuschrieb und daß ihr zu Ehren einst bedeutende Feste abgehalten wurden[5]. Da nun aber Ostern als Frühlingsfest sich mit dem Maifest nahe berührt, so soll die Verehrung der Ostara später auf Walpurgis, die wohltätige, volksbeliebte Schwestertochter Winfrieds zum großen Teil übergegangen sein. Ihr Tag ist der 1. Mai. Ebenso denken sich manche Mythologen die Ostara als Thors Mutter (Woeste), oder auch als seine Schwester (Colshorn), die Thor auf seiner Osterfahrt, der Fahrt gegen die Sturm- und Reifriesen begleitet, wovon freilich die Edda nichts erwähnt. Die Osterfladen, Osterstollen, Osterstufen, Osterküchel, welche zu dieser Zeit gebacken werden, sollen wie all solches Gebildbrot, auf alte Opferschmäuse zu Ehren der Ostara weisen, welche Felix Dahn noch feiert:

---

5   Vgl. Perger, Deutsche Pflanzensagen. Stuttgart 1864, S. 30.

> Gute Göttin, du vom Aufgang,
> Gabenreiche, du bist da!
> Und wir grüßen dich mit Andacht,
> Gute Göttin Ostara!
> Aus dem fernen Sonnenlande,
> Draus der Väter Wandrung brach,
> Ziehst du jährlich ihren Enkeln
> In des Nordens Wälder nach.

Auch ein germanisches Fest der Ostara weiß er uns zu schildern:

> Es kam der Hirt vom Anger und sprach: „Der Lenz ist da!
> Ich sah sie in den Wolken, die Göttin Ostara:
> Ich sah das Reh, das falbe, der Göttin rasch Gespann,
> Ich hörte, wie die Schwalbe den Botenruf begann.
> Es brach das Eis im Strome, es knospt der Schlehdornstrauch:
> So grüßt die hohe Göttin, grüßt sie nach altem Brauch.
> Da ziehn sie mit den Gaben zum Hain und zum Altar,
> Die Mädchen und die Knaben, der Lenz von diesem Jahr:
> Das Mädchen, das noch niemals im Reigentanz sich schwang,
> Und doch vom Knabenspiele schon fernt ein scheuer Drang.
> Der Knabe, der noch niemals den Speer im Kampfe schwang,
> Und dem der Glanz der Schönheit doch schon zum Herzen drang.
> Sie spenden goldnen Honig und Milch im Weihguß,
> Und fassen und umfangen sich in dem ersten Kuß.
> Und durch den Wald, den stillen, frohlockt es: „Sie ist da!
> Wir grüßen dich mit Freuden, o Göttin Ostara!"

Heilig sollen der Ostara gewesen sein die Maiblumen und die gelben Frauenpantöffelchen, auch Marienpantöffelchen und Frauenschühli – *trifolium melilotus* – genannt; sie habe man in die lodernden Oster- und Opferfeuer geworfen. Von den Farben seien ihr die des Lichts, besonders die gelbe heilig gewesen.

Spuren des Ostarakultus will man in manchen Gegenden finden. Unweit des Meißner in Hessen, im Felde des Dorfes Hilgershausen steht eine 80 Fuß hohe Felswand, unter der sich eine Höhle öffnet, der sog. „hohle Stein". In diese Höhle tragen am zweiten Ostertage Burschen und Mädchen der benachbarten Dörfer Hilgershausen und Kammerbach Sträuße von Frühlingsblumen als Opfer, trinken von dem Wasser des kleinen Sees, der sich in der Höhle befindet und nehmen in Krügen für die Ihrigen davon mit nach Hause. Ohne Blumen wagt niemand hinabzusteigen[6]. In Oberbayern windet man Kränze aus Gertraudenkräutern und gelben Frauenpantoffeln und wirft sie ins Osterfeuer. Auf dem Gipfel des hessischen Ostersteins befinden sich Felsblöcke, die ihre jetzige Gestalt nicht aus der Hand der Natur überkommen haben; ihre Form verrät eine frühere Opferstätte, und als man vor etwa dreißig Jahren einen Teil des Gesteins sprengte, fand sich im Sande unter Felsen ein Rest früheren Feuers, nämlich schwarze mit Kohlen untermischte Erde. Auf diesem Osternstein begingen die Burschen der benachbarten Dörfer bis vor etwa 50 Jahren, wo es verboten wurde, am Ostermontage besondere Festlichkeiten. Dort soll sich ein Heiligtum der Ostara befunden haben. In Oberbayern gibt es eine Osterharde, an der Jörgenkapelle in Regensburg liegt eine Osterburg; auf dem Gipfel des Hesselberges in Mittelfranken ist eine Osterwiese. Auch an den Quellen der Weschnitz im Odenwalde soll ein Heiligtum der Ostara gewesen sein; als später die Germanen sich taufen ließen, ward die Göttin in die heilige Walpurgis umgetauft und an der Stelle jenes heidnischen Hains erhob sich eine christliche

---

6 Lyncker, Deutsche Sagen und Sitten in hessischen Gauen. Kästet 1854, Nr. 346.

Kapelle. So geriet die alte Göttin in Vergessenheit, aber die Dörfer Ober- und Unter-Ostern zu den Füßen der Walpurgiskapelle erinnern noch an jene Zeit, ebenso wie Osterode im Harz, das seinen Namen von der Göttin Ostara hat. Daß sie hier verehrt wurde, bezeugt u.a. eine Sage von der Osterjungfrau, nach welcher in den Trümmern einer vor dem Harztore auf einem Hügel gelegenen Burg eine wunderbar schöne Jungfrau verzaubert liegt. Die arme Bezauberte kann nur einmal alljährlich am Ostersonntag aus ihrem Kerker hervorgehen. Dann erscheint sie überaus schön, in schneeweißem Gewand, wandelt langsam vor Sonnenaufgang dem nahen Bache zu, wäscht sich darin und wartet, ob sie einer erlöse. Viele Menschen haben sie schon gesehen und mancher hat Geschenke von ihr bekommen, aber es hat noch keiner mit ihr durch die eiserne Tür kommen können, die ihr Gewölbe verschließt. Ein armer Leinweber aus Osterode trug am Sonnabend vor Ostern ein Stück Leinen nach Klausthal und wäre gegen Abend gern noch wieder zurückgegangen. Aber es war spät geworden und er blieb also die Nacht in Klausthal. Wie nun der Morgen graute, machte er sich auf den Weg, und wie die Sonne eben am Aufgehen war, langte er oberhalb der „Freiheit" (so heißt die Vorstadt, welche der Seesefluß von der Stadt Osterode trennt) an. Da sah er, wie eine schneeweiße Jungfrau, mit einem Bund Schlüssel im Gürtel, auf den Fluß zuging und sich darin wusch. Betroffen von der Erscheinung stand er still. Bald gewahrte ihn die Jungfrau und kam auf ihn zu. Und wie er ganz ehrerbietig den Hut abzog und sie freundlich dankte, fragte der Leinweber, warum sie denn schon so früh aufgestanden sei und sich in diesem Wasser wasche. „Das pflege ich jeden Ostermorgen vor Sonnenaufgang zu tun," antwortete die Jungfrau, „und davon bleibe ich immer schön und jung." Der Leinweber fragte weiter, wo sie wohne und ob ihr Haus weit von hier sei? „Nicht weit! Wenn du Lust hast, will ich dich hinführen." Bald kamen sie an den Trümmerhaufen der Burg, der dem Manne jetzt ganz anders und viel besser vorkam als sonst, und standen vor einer eisernen Tür, die hatte der Weber noch nie bemerkt. Vor derselben, auf einem grünen Platze, blühten drei Lilien; die Jungfrau brach eine, gab sie dem erstaunten Manne und sagte: „die nimm mit nach Hause und verwahre sie wohl." Der Weber dankte ihr ganz treuherzig und steckte die Blume an seinen Hut. Wie er wieder aufsah, war die schöne Jungfrau verschwunden; die Tür war auch nicht mehr zu sehen, und die alte Burg stand wieder so traurig und zerfallen da wie immer. Zu Hause legt er die blanken Harzgulden, die ihm sein Leinen eingebracht, auf den Tisch, den Hut mit der Lilie daneben. Da fragt seine Frau, woher er denn die herrliche Lilie bekommen, die schimmere ja wie eitel Gold und Silber. Und als er ihr alles erzählte, ruft die Frau: „Ach, das ist die Osterjungfrau gewesen, und das ist auch keine gemeine Lilie, sondern lauteres Gold und Silber. Du warst zur guten Stunde des Wegs gekommen."

Der Goldschmied zu Osterode aber sagte, daß die Stadt Osterode nicht Geld genug habe, diese Blume zu bezahlen. Auch den Ratsherrn wurde sie gezeigt. Die beschlossen, sie dem Herzoge zum Kauf anzutragen. Dem Weber gaben sie ein Schreiben an den Herzog mit, und wie er damit im Hoflager angekommen war, wurde er mit dem Herzoge einig, daß dieser ihm mit seinen Kindern, so lange sie leben würden, ein Jahrgeld bezahle. Die Lilie wurde nachher nur an außerordentlichen Festtagen gesehen, wo sie die Herzogin trug; der Herzog aber nahm die Lilie der Osterjungfrau zur Erinnerung in sein Wappen auf, und darin sieht man drei Lilien bis auf diesen Tag.

Unter den vielen Bergen Deutschlands, welche den Namen Osterberg führen, scheint wenigstens der Osterberg bei Hildesheim einst dem Dienste der Ostara oder Eostra geheiligt gewesen zu sein, worauf auch der Name des in der Nähe liegenden Dorfes Himmelsthür deutet. Bringt doch die Ostara das Gold der Sonne zurück. Daß Ostern, das Urfest der Kirche, schon in der heidnischen Zeit unseres Volks ein hohes Fest war, an welches etwa die Feier der Frühlingsnachtgleiche ihre allen Beziehungen abgab, zeigen vor allem die volkstümlichen Ostersitten.

2. Die volkstümlichen Ostersitten

Freudenfeuer wurden zu Ostern angezündet, zumal da wo Sachsen wohnten. Sie flammten auf Bergen und Hügeln, und wie gewaltig sie waren, erhellt schon daraus, daß im Niederdeutschen das *oster-vür* zur Bezeichnung eines jeden großen Feuers gebraucht wurde[7]. Solche Osterfeuer erhielten sich bis ins vorige Jahrhundert, ja selbst bis in unsere Zeit hinein. Noch im Jahre 1831 wurde in Hessen neben der Kugelsburg bei Volkmarsen ein Osterfeuer abgebrannt, doch fand sich die Behörde veranlaßt, dasselbe für später zu verbieten. Um Göttingen und Northeim (1820 – 1840) waren die Osterfeuer überall: Feuer, rollende Teertonnen von den Bergen, Schwingen hoher, langer Fackeln aus getrockneten, oben vierfach gespaltenen jungen Buchen, deren Klöbung mit Hobelspänen gefüllt war.

Das Holen des Fackelholzes war streng verboten, geschah aber doch. Durch die Feuer wurde paarweise oder einzeln gesprungen. In Northeim geschah es auf dem ersten Winterberge. Vom Feuer oder den Fackeln wurde stets versucht, noch glimmende Brände mit nach Hause zu nehmen, obwohl es streng verboten war[8]. So wurden auch auf dem Osterberge bei Gandersheim noch im vorigen Jahrhundert die Osterfeuer angezündet. Sie erscheinen zumeist in Gestalt von feurigen Rädern, welche als symbolische Zeichen der Sonne von den Bergen oder Hügeln herabgerollt werden, wie es z.B. noch alljährlich bei Lügde in West-

---

7   Bremer Wörterbuch I, 469.

8   Vgl. Krause, Korrespondenzblatt für niederd. Sprachst XIV, 6.

falen geschieht, dem alten Lugdunum Karls des Großen. Die Ausgaben für diese Feuerräder, welche in großer Zahl von den beiden dort gegenüberliegenden Bergen unter lautem Jubel des Volkes herabrollen, werden noch immer von der Stadt gern bestritten. Auch auf den Höhen des Teutoburger Waldes, wie in der westfälischen Ebene sieht man noch jetzt regelmäßig am Abend des ersten Ostertages Feuer an Feuer, belebt von der Jugend, welche durch das Feuer springt. In Mecklenburg kommen Osterfeuer nicht vor.

Jene Feuerräder aber sind bildliche Bezeichnungen der Sonne, die auch sonst als Rad dargestellt und in der Edda das schöne Rad, *fagra hvel* genannt wird. Wie in der hochheiligen Zeit der zwölf Nächte von Weihnachten bis Berchtentag, während deren die Sonne auf ihrem tiefsten Stande auszuruhen schien, nichts „rund gehen" durfte, weshalb auch das Spinnen unterlassen wurde, so ist dies Rundgehen zur Osterzeit nun gerade die rechte Ehrenbezeugung.

Auf dies österliche Sonnenfest weist auch das Gebäck auf Ostern, das alte radförmige Ringelbrot mit seinen Speichen, das in manchen Gegenden als Fastenbretzel (ahd. *brizilla*, mlat. *bracellum*) verblieb.

Hier und da wurde wohl auch ein sog. Ostermann in das Osterfeuer geworfen, eine Puppe von Stroh, welche den Winter symbolisch darstellte. Ursprünglich sollte es wohl die Besiegung des Frost- oder Reifriesen versinnbildlichen. Später verstand man den alten iötun (Riesen) nicht mehr, man brannte nun in seltsamem Mißverständnisse den „alten Juden" und gelangte vom Juden auf den Judas. Die Feuer auf den Bergen, welche im Heidentum dem Donar galten, und um welche das Volk unter dem Gesänge alter Lieder jubelnd tanzte, erhielten sich teilweise unter dem Namen Petersfeuer, Judasfeuer, Osterfeuer bis heute. In Althenneberg fand das Judasbrennen noch vor 50 – 60 Jahren am Karsamstag statt. Am Abend nach der Auferstehungsfeier steckten die Burschen des Dorfs an der Kirchtüre mit dem geweihten neuen Licht der Kirche ihre Laternen an und in vollem Lauf ging's zu dem auf dem Getreidefeld errichteten Holzstoß. Wer zuerst ankam, zündete ihn an. Keine Frau, kein Mädchen durfte der Feier beiwohnen. Man rief dabei: „Brennen wir den Judas!" Zwei Burschen mußten die ganze Nacht sorgfältig das Feuer gegen Entwendung bewachen. Bei Sonnenaufgang sammelten diese beiden Burschen die Asche und warfen sie in das fließende Wasser des Rötenbachs. In andern Gegenden entzündet man das Feuer am Ostertag auf einem Hügel. Die Burschen befestigen an eine Rute einen hölzernen Pfeil, dessen Spitze in Pech getaucht und angezündet wird. Nun wird die Rute so geschwungen, daß der Pfeil hoch in die Luft fährt und bei der Nacht einen schönen Bogen beschreibt; ein deutliches Nachbild des Blitzes. Bevor die Glut aufprasselte, trieb man die roten Eichhörnchen im Walde zusammen, – eine symbolische Handlung, welche anzeigen sollte, daß der Gewittergott, der Blitz, dessen Abbild die Eichhörnchen sind, das Feuer der Frühlingssonne entzünde[9]. In Freising hieß das Osterfeuer das Ostermannbrennen. So war der Winterriese, der *iötun* dort zum Judas, hier zum Ostermann geworden. Einen ähnlichen Gebrauch hatten die Slaven, welche eine Winterriesin, die Marzana, kannten und eine alte Frau verbrannten[10].

Der Scheiterhaufen, auf welchem Leichen verbrannt wurden, hieß Burg, und so war das sog. Burgbrennen, wie z B. im Luxemburgischen und in der Eifel eine Art Leichenbrand. Eine Burg wird schon in der Edda der Scheiterhaufen genannt, welchen Brynhild für sich und Sigurd zum Leichenbrand anordnet. Sicherlich wurde auch in

---

9 Mannhardt, Die Götter der deutschen und nordischen Völker. Berlin 1860, S. 200.

10 Vgl. Simrock M.2 572; Panzer 213. Grimm M. 733 u. 742.

Norddeutschland manche Osterburg in diesem Sinne für das Ostermannbrennen gebaut.

In anderen Gegenden wurde der Ostermann wohl auch ersäuft. Landmädchen durchziehen die Straßen; auf oder unter dem linken Arm tragen sie einen kleinen offenen Sarg, aus welchem ein Leichentuch herabhängt. Unter dem Tuch liegt eine Puppe; so z.B. in Thüringen, Meißen, Voigtland, Schlesien und Lausitz. Die Puppe, ein strohernes oder hölzernes Bild, wird herumgetragen, ins Wasser geworfen oder verbrannt. Die, welche „den Tod weg geworfen", wie man sagt, laufen schnell davon, aus Furcht, daß er sich wieder aufraffe und hinter ihnen herkomme. An diesem Siegesfest des Lichts und Lebens führte man wohl auch Schwerttänze auf, wie sie Tacitus Germania 24 schildert, wo man mit dem „Ostersachs", dem Osterschwerte, dem Symbol des Sonnenstrahls, kämpfte. So treten in einem alten Tanzliede zur Zeit als Auen und Werder grünen, Friedebolt und seine Gesellen mit langen Schwertern auf und erbieten sich zum *ôsterspil*, das ein von Zwölfen aufgeführter Schwerttanz gewesen zu sein scheint. Dabei trat ein Tänzer auf, der den Sommer vorstellt und den Winter aus dem Lande schlug. Von solchen Schwerttänzen in Hessen berichtet noch Lyncker (Hess. S. Nr. 321). Die Tänzer, deren es 16 – 20 waren, trugen weiße gegürtete Hemden und Hüte, mit bunten Bändern und weißem Tuche ausgeschmückt. An den Kniescheiben hatten sie Schellen befestigt und um die Arme lang herabhängende Bänder gebunden. Ein Führer leitete die Tänze, sagte den Zuschauern mit gehöriger Förmlichkeit seinen Gruß und redete sie darauf nach althergebrachter Weise so an:

Hier sind wir Herkommen auf diesen Platz und Plan.
Einen ehrlichen Schwerttanz wollen wir fangen an;
Nicht aus freiem Mut,

Sondern erlaubt von der Obrigkeit gut.
Also sollen meine Gesellen ihre Schellen lassen klingen
Wie die Engel im Himmel singen.
Einer der da singt,
Der andre, der da klingt,
Und der dritte, der auf der Trommel klingt.
Trommelschläger, schlag auf die Trommel,
Daß wir zu dem Tanzen kommen! –

Hierauf begann der Tanz, wobei die Schellen taktmäßig nach ihren Tritten klangen. In der rechten Hand trugen sie Degen. Oft ging es in wirrem Knäuel durcheinander, und mit überraschender Gewandtheit schwenkten sie sich gleich darauf wieder in geregeltem Takte und in schönster Ordnung. Nachdem der Tanz beendigt war, sprach der Führer wieder zu den Zuschauern, welche freiwillig Geld, Speck, Eier, Würste spendeten. Ursprünglich führten ja (nach Tac. Germania 24) nackte Jünglinge solchen Tanz aus, indem sie mit außerordentlicher Kühnheit und Behendigkeit zwischen scharfen Schwertern und Spießen (Frameen) herumtanzten. Aber auch in späterer Zeit war dieser Tanz nicht ohne Gefahr; es verlor noch im Jahre 1571 zu Iba bei Rotenburg einer der Tänzer sein Leben, indem er beim Tanze erstochen wurde. Insbesondere scheinen die Chatten diesen Schwerttanz geliebt zu haben nach dem Zeugnisse Winkelmanns, der 1651 bei der Heimführung der Gemahlin des Landgrafen Ludwigs VI. von Hessen-Darmstadt noch einem Schwerttanze beiwohnte, welchen das junge Landvolk im Felde vor Lollar, eine Stunde von Gießen, aufführte.

Es berührt sich solche Osterfeier vielfach mit dem Maifest und dem Frühlingsempfang, ja sie ist Frühlingsempfang und es offenbart sich hier die Naturfreude der Väter am tiefsten und stärksten. Sie tritt geradezu drastisch hervor. Während wir heutzutage wohl mit dem Dichter sagen: „Und dräut der Winter noch so sehr mit trotzigen Gebärden und streut er Schnee und Eis umher: es muß doch Frühling werden," so wurde sonst dieser Kampf zwischen Sommer und Winter wirklich dargestellt. Noch heute sagen wir: „der Sommer ist vor der Tür," „der Sommer tritt ein," ohne zu ahnen, daß dergleichen Ausdrücke in lange Vorzeit zurückdeuten, wo man den Frühling als Sieger festlich empfing mit einer kindlichen Freude, die uns abhanden gekommen ist, wo der, welcher den ersten *viol*, das erste Veilchen sah, es jubelnd verkündete, worauf dann das ganze Dorf hinzulief, das Veilchen auf eine Stange steckte und es mit Gesang und Tanz umgab. Auch wer die erste Schwalbe sah, hatte, wie man sagte, „den Mai gefunden" und erhielt seinen Lohn. Wurden doch in Rostock die Türmer angewiesen, den kommenden Frühlingsherold, „die Schwalbe anzublasen," wofür ihnen dann ein Ehrentrunk aus dem Ratskeller gereicht wurde.

Solche kleine und doch so bedeutungsvolle Züge lassen uns am besten das tiefe Naturgefühl und die Naturfreude unserer Väter erkennen, deren ganzem Sinne ein Fest der Ostara so völlig entsprach.

Wie die Sonne selbst nach dem Volksglauben in der Frühe des Ostertages drei Freudensprünge tut, denn sie hat nun gesiegt über die Finsternis im Kampfe mit den Winterriesen, so stellt das Volk wiederum diesen Kampf zwischen Sommer und Winter sehr handgreiflich dar.

Ein vermummter Sommer und Winter, jener in Efeu oder Singrün, dieser in Stroh und Moos gekleidet, treten auf und kämpfen so lange miteinander, bis der Sommer siegt. Dann wird dem zu Boden geworfenen Winter seine Hülle abgerissen, zerstreut, und ein Kranz oder Zweig umhergetragen, wie denn davon der Ort Questenberg im Harz seinen Namen haben soll.

Die Queste ist der Kranz. „Die Queste hangt," d.h. der Kranz oder Zweig, oder Laub- und Blätterbüschel hängt.

In solchem Kampf zwischen Sommer und Winter haben wir die uralte Vorstellung eines Wettstreits zwischen beiden Jahreszeiten und Jahresgewalten, aus denen der Sommer siegreich hervorgeht, der Winter unterliegt.

Das Volk gibt dabei den zuschauenden Chor ab und bricht in den Preis des Überwinders aus.

Noch werden deutsche Lieder gesungen, welche auf solchen Kampf sich beziehen; so das bekannte:

> Wir wollen hinter die Hecken
> Und wollen den Sommer wecken.
> Der Winter hat's verloren,
> Der Winter liegt gefangen
> Und wer nicht dazu kommt,
> Den schlagen wir mit Stangen.
> Der Sommer ist so keck
> Und wirft den Winter in den Dreck.

Solche Lieder sind durch lange Zeiten gegangen. Alles ist ganz heidnisch gedacht und gefaßt, zumal wenn dem Winter die Augen ausgestochen werden. Der herbeigeholte, aus seinem Schlaf geweckte tapfre Sommer, der überwundene, in den Kot niedergeworfene, in Bande gelegte, mit Stäben geschlagene, geblendete und ausgetriebene Winter sind Halbgötter oder Riesen, die Reif- und Frostriesen des Altertums[11]. So derb äußerte sich die Osterfreude der Vorzeit als tiefe Naturfreude. Sie beherrschte alt und jung. Denn auch Kinder zogen an manchen Orten mit weißen geschälten Stäben aus. Die Stabträger scheinen des Winters Gefolge oder Ingesinde darzustellen, wie denn nach altem Brauch

---

11 Vgl. Grimm, Mythologie (Gütersloh, L. Bertelsmann) 720 fg.

Besiegte und Gefangene mit weißen Stäben entlassen wurden. Einer aus dem Haufen der Knaben, in Stroh gehüllt, stellt den Winter vor; ein andrer mit Efeu geschmückt, den Sommer. Erst kämpfen beide mit Holzstangen, bald werden sie handgemein und ringen so lange miteinander, bis der Winter darniederliegt und ihm das Strohkleid abgezogen wird. Unter dem Kampf singen die übrigen:

> Stab aus, Stab aus!
> Stecht dem Winter die Augen aus!

Alle diese Züge mit dem Gewinnen des Kleides, der Rüstung, sowie besonders das grausame Augenausstechen gemahnen an die altgermanische Heldenzeit und es vereinigen sich hier zwei stark hervortretende Züge des deutschen Lebens: Natur- und Heldenfreude. Nach beendigtem Kampf, wenn der Winter in der Flucht ist, wird gesungen:

> So treiben wir den Winter aus,
> Durch unsre Stadt zum Tor hinaus.

In manchen Gegenden tritt an die Stelle des Winters bedeutsam der Tod. Da ruft man: „Stab aus, Stab aus! Stecht dem Tod die Augen aus!" Und so triumphiert man zuletzt: Wir haben den Tod Hinausgetrieben! und kehrt mit einem buntgeschmückten Tannenreise, als Zeichen des Frühlings zurück. In Deutschland, wo dies Todaustreiben oft am Sonntag Lätare geschah, hieß dieser Sonntag deshalb geradezu Totensonntag. In Anlehnung an dies Todaustreiben ist das Lied „Nun treiben wir den Papst hinaus" von Luther herausgegeben[12] mit der Unterschrift: *Ex montibus et val-*

---

12 Vgl. Freybe, M. Luther in Sprache und DIchtung, Güsterrsloh 1889, T. Ber-

libus, ex silvis et campestribus, „Ein Lied für die Kinder, damit sie zu Mitterfasten den Papst austreiben." Das Volk, das schon in seiner natürlichen Freude so sinnvoll handelte und sang, mußte später in echt deutscher Helden- und Heilsfreude am Siegestage des Lebensfürsten, der wirklich dem Tode die Macht genommen und Leben und unvergänglich Wesen ans Licht gebracht, diesem Fürsten des Lebens in voller Osterfreude huldigen und Luthers Lied, welches gerade auf solche Osterspiele hindeutet, voll sich aneignen:

> Es war ein wunderlich Krieg,
> Da Tod und Leben rungen.
> Das Leben behielt den Sieg
> Und hat den Tod bezwungen: –
> Ein Spott aus dem Tod ist worden. Halleluja!

Noch im sinkenden Mittelalter mußte der Pfarrer am Ostersonntag nach der Frühpredigt von der Kanzel herab dem Volke ein Oster märlein erzählen. Das Volk wollte die Kurzweil nicht missen, welche zur heidnischen Zeit das Osterspiel gewahrt hatte, und so schlugen die Leute denn nun in der Kirche ihr Ostergelächter (*risus paschales*) auf. Durch alle jene naiv sinnlichen und doch bedeutsamen Äußerungen der heidnisch natürlichen Osterfreude mußte das Volk wie an feinen, aber nur um so stärkeren Fäden für die Feier des Lebens- und Siegesfestes ohnegleichen gewonnen werden. Denn wie in jenem Osterspiel der abziehende Feind, der Frost- und Reifriese noch auf der Flucht seine Furchtbarkeit durch Hagelsalven offenbart, so auch der, welcher des Todes Gewalt hat, der Teufel. Wie jener abziehen muß, so fühlt auch dieser, daß seine Zeit vorbei

---

telsmann. S. 145

ist. Jenen abziehenden Feind hat uns noch Goethe vortrefflich dargestellt, wenn er sagt:

> Der alte Winter in seiner Schwäche
> Zog sich in rauhe Berge zurück.
> Von dort her sendet er, fliehend nur,
> Ohnmächtige Schauer körnigen Eises
> In Streifen über die grünende Flur.

Ist es nicht so als habe Goethe hier die alte österliche Naturfreude im Bunde mit der Sieges- und Heldenfreude der Vorzeit noch einmal darstellen wollen, jene echt germanische Naturfreude, die das gewaltige Ringen der Naturkräfte, auf welche unsere ganze Mythologie sich aufbaut, so naiv sinnlich und doch so hochpoetisch durch jenen Zweikampf darstellte, durch jene Frühlingsbelustigungen, welche man ôsterspil oder „Widerstreit" nannte. Wie lieb dem Volk aber solche Osterspiele waren, erhellt u.a. aus dem süßen Schmeichelwort für die Geliebte: „Meines Herzens Osterspiel", wie es bei mhd. Dichtern erscheint.

Der „Widerstreit", bei welchem allemal der Winter unterliegt, ist ja im Grunde nur eine Naturfeier, ist zuletzt nur das Siegesfest des Gottes Thor, jener Personifikation des Frühlings, der alljährlich mit seinem vortrefflichen Hammer die Frost- und Reifriesen, die Sturm- und Hagelriesen schlägt und sie zum Lande hinaustreibt. Jetzt müssen sie auswandern, sie fühlen, daß ihre Zeit vorbei ist. Thors Fahrt aber geht immer gen Osten, weil die kalten Winde in Skandinavien von daher kommen. Den Sieg dieser Ost- oder Osternfahrt, auf welcher jene Frost-, Sturm- und Reifriesen bezwungen werden, feierte das Volk an einem Feste, welches allerdings schon deshalb Ostern genannt werden konnte, auch abgesehen von einer Göttin Ostara, deren Name wenigstens in der Edda nicht genannt wird. Wurde aber eine solche Göttin verehrt, so könnte man dabei an Thors Gemahlin Sif denken, von welcher die jüngere Edda (D. 61) erzählt, daß ihr Loki, der Feind der Götter, hinterlistigerweise das Haar abgeschnitten habe; ihr Gemahl Thor aber zwang ihn, von den Schwarzelfen zu erlangen, daß sie ihr neue Haare von Gold machten, die wie anderes Haar wachsen sollten.

Dieses Mythus Sinn ist klar und schön von Uhland gedeutet. Das Feld steht kahl, aber schon keimt neue Hoffnung goldener Ähren, das sind die goldenen Haare Sifs. Dieser künftige goldene Schmuck des jetzt verödeten Getreidefeldes steht schon vor dem hoffenden Geiste. Die Flur grünt fröhlich weiter, wenn auch der fliehende Feind, der Winter, noch seine Hagelsalven schickt, – es sind doch nur ohnmächtige Schauer körnigen Eises, nur Streifen über die grünende Flur.

Bedenken wir, wie Thor gerade der Gott der Landleute und als solcher ihr erkorener Liebling war, indem er die Erde urbar und fruchtbar macht, so wird es um so weniger befremden, wenn wir in jenem Osterkampf eine Siegesfeier des Gottes sehen, der ja gerade zu dieser Zeit auf seinem Wagen mit den zwei Böcken auf seiner glorreichen Ost- oder Osternfahrt begriffen ist. Bemerkenswert ist darum der sog. Osterbock, der *hircus paschalis*. Dieser war z.B. zu Schillingen bei Trier eine Abgabe, die erst 1712 abgestellt wurde. Sie mußte *pro primo infante baptizando* auf Ostern entrichtet werden. Weil der Bock ein dem Thor geweihtes Tier ist, so verlangen unsere Rechtssitten vergoldete Hörner bei dem zu entrichtenden Bocke. So geschmückt und bekränzt ward das Opfertier dreimal um das Heiligtum, oder im Kreise der Volksversammlung umhergeleitet, rund durch die Bänke geführt.

Im Harz wurden vor dem Entzünden des Osterfeuers Eichhörnchen, die Tiere des Donar, im Walde eingefangen.

Auch wurde das Osterfeuer besonders vom Bocksdorn (Kreuzdorn) angezündet. Auf Thor weist auch das *„Süntevügeljagen"* in Westfalen und in der Grafschaft Mark, wo auf St. Peterstag (22. Febr.) – und gerade Thor, der Felsenmann, wurde in christlicher Zeit oft zu St. Petrus – mit dem Kreuzhammer – also mit dem deutlich erkennbaren Attribute Thors – an die Haustüren geklopft wird, die Kröten, Hucken und Schlangen und Fehmollen (bunte Molche), überhaupt alles Ungeziefer zu vertreiben[13]. Auf St. Peterstag fällt der Schluß des Winters: ein unverkennbarer Zusammenhang mit der Sitte des Winteraustreibens zu Ostern. Nur sind Thor zum heil. Petrus und die Winterriesen hier zu Schlangen und Molchen geworden. Bei dieser Sitte des Klopfens mit dem Kreuzhammer werden Gaben gesammelt, vor allem Backwerk, das in Süddeutschland schon durch seinen Namen mit dem Klopfen zusammenhängt: man klopft an, um eine Schüssel Klöpfli oder Knöpfli zu erlangen.

Dabei blieb auch die Idee des Zweikampfs auf Ostern noch jahrhundertelang bewahrt, u.a. auch im Volksliede, wo jener Wettkampf zum Wettgesang, zum Widerstreit in Worten wurde. So kämpfen in einem solchen „Widerstreit" Sommer und Winter noch in einem Volksliede des 16. Jahrhunderts (Uhland Volksl. I, 23 fg.).

DER SOMMER SPRICHT:
>Heut ist ein fröhlicher Tag,
>Daß man den Sommer gewinnen mag;
>Alle ihr Herren mein,
>Der Sommer ist fein.

WINTER:
>So bin ich der Winter, ich geb dir's nit recht,
>O lieber Sommer, du bist mein Knecht.

---

13 Woeste 24. Simr. M2 562.

SOMMER:
>So bin ich der Sommer also fein,
>Zu meinen Zeiten da wächst der Wein.

WINTER:
>O Sommer, du sollst mir nichts gewinnen,
>Ein frischen Schnee will ich dir bringen.

So streiten Sommer und Winter lange, bis sich schließlich der WINTER als überwunden ergibt mit den Worten:

>Ihr Herren mein, ich bin veracht,
>Der Sommer hat mich zu schanden gemacht.

Es gehört wohl auch dies Lied zu den mit Tanz, oder mit Ballwerfen verbundenen Liedern. Das Ballwerfen war in alter Zeit ein mit Gesang und Tanz verbundenes Spiel, daher in den romanischen Sprachen ballare tanzen. Tanz und Ballschlagen fand besonders auf Ostern statt und steht da wohl in Beziehung zur Sonne, die nach dem Volksglauben zu Ostern drei Freudensprünge tut.

Von diesen drei Freudensprüngen sagt noch Georg Rollenhagen († 1609) in Parad.: „Ich finde in etlichen Postillen, der Mensch solle sich billig des Osterfestes freuen; dann auch die herzliche schöne Sonne an dem Himmel tue auf den ersten Ostertag frü, wann sie erst aufgehet, und darnach zu Abend, ehe dann sie untergehe, drei Freudensprünge. Nach den Worten des 19. Psalms: Er hat der Sonnen eine Hütte in denselben gemacht, und dieselbige gehet heraus, wie ein Bräutigam aus seiner Kammer, und freuet sich, wie ein Held zu laufen den Weg. Darauff lauffen beede, Alten und Jungen, des Morgens frü vor der Sonnen Auffgang, und des Abends spat, vor der Sonnen Untergang, mit großen Hauffen, in das Feld hinaus, und sehen zu, wie die Sonne tanzet. Wann sie nun dieselbe so lange angesehen haben, daß ihnen Blau und Braun, Licht und Finsternuß vor die Augen kommet, so rufet einer hie, der andere dort: Itzund tat sie den ersten, da bald den anderen, und dann den dritten Sprung. Wer nun sagen wollte, er hätte es nicht gesehen, den würde man für blind, oder für einen Gotteslästerer halten. Wann nun die Sonne gewiß sichtbarer Weiß an dem rechten Ostertag tanzete, so hätten die Alten und Wir des Zanks nicht bedürffet: Dann Gott hätte ein sichtbar Zeichen an den Himmel gesetzet, dabei man den rechten Ostertag erkennen könnte. – – Dannoch wird dieser Glaub gepredigt, behalten, und alle Ostern besucht.

Tanzt nun die Sonne vor Freuden, warum sollte das mit der Natur lebende Volk nicht auch seine Freudensprünge tun? Nur ließ man es nicht bei dreien bewenden. Man tanzte wenigstens die sog. „Siebensprünge" auf Ostern und sang dazu:

> Könnt ihr nicht die Siebensprüng,
> Könnt ihr sie nicht tanzen?
> Da ist mancher Edelmann,
> Der die sieben Sprung nicht kann:
> Ich kann se, ich kann se.

Als Siegesfest des wachsenden Lichts scheint auch die Kirche die Tage der Sonnenwende gefaßt zu haben, in der bekannten Echternacher Prozession[14], wo man einen Schritt rückwärts und zwei vorwärts tut. Der eine Schritt

---

14 Sie fand noch 1891 am 19. Mai in Echternach an der Sauer statt. Infolge des ungünstigen Wetters war die Zahl der Pilger nicht so groß wie in früheren Jahren. Immerhin waren es ca. 9000 Menschen, welche von der Echternacher Brücke nach der Willibrorduskirche hinaushüpften, je zwei Schritte vorwärts und einen zurückspringend. Die Entfernung, welche die „Pilger" zurücklegten, beträgt 1225 Schritte. Hierzu brauchten sie vier Stunden, von 9 Uhr vormittags bis 1 Uhr mittags. Allg. ev.-luth. Kztg. 1891, Nr. 22.

rückwärts bedeutet nach Simrock, „das Sträuben des Winters, dem es nicht selten gelingt, einen Teil der verlorenen Herrschaft wieder zu gewinnen, was er aber mit desto größeren Verlusten büßen muß; die zwei Schritte vorwärts den unvermeidlichen Sieg des Sommers, denn trotz des einen zurückgetanen Schritts, der den Fortschritt zwar hemmt, aber nicht hindert, wird das Ziel erreicht, so daß diese hüpfende und springende Schaustellung den überstandenen Kampf mit den Mächten der Finsternis und ihre gewisse nun entschiedene Niederlage sehr lebendig veranschaulicht."

Zu den österlichen Schaustellungen und Kampsspielen gehört auch der sog. Hahnentanz, wie er z.B. in Windsheim und in Stammheim bei Calw in Schwaben sich noch bis in unsere Zeit hinein erhalten hat[15]. Der Hahn ist wiederum dem Thor geweiht; er ist der Verkünder des Tags, des Lichts und besonders galt der am Donnerstag aus dem Ei geschlüpfte als heilig. Wie der Erntehahn, der z.B. von Höxter bis Minden und östlich vom Deister über dem Erntekranz befestigt ist, ursprünglich dem Thor, als dem Gott des Landbaus gilt, so auch der Osterhahn. Nun ist der Hahn auch das Lieblingstier der Hel, der Göttin der Unterwelt, der Nacht und des Nebels. Schon in der Edda, im Liede der Seherin, der Völu-spa, Str. 35 heißt es:

Den Göttern gellend sang Gullinkambi,
Weckte die Helden beim Heervater;
Unter der Erde singt ein andrer,
Der schwarzrote Hahn in den Sälen Hels.

Also der hochrote Hahn mit goldenem Kamm und der schwarzrote treten hier einander entgegen, und in ihnen

---

15 Vgl. Birlinger, Schwabens Sagen, Sitten und Gebräuche II, 75.

wiederum Licht und Finsternis. Rot ist die Farbe des rotbärtigen Thor, darum sind ihm wegen ihrer roten Farbe auch der Fuchs, das Eichhörnchen, das Rotkehlchen und Rotschwänzchen heilig. Rot ist auch die Farbe des Lebens und der Freude. Wo Leben ist, da ist auch Fruchtbarkeit. Darum wurden schon am Gertrudistage, dem Tage der Göttin der Fruchtbarkeit, die Eier, diese Symbole des Lebens, rot gefärbt, die Eier, welche das fruchtbarste Tier, der Hase, gelegt haben soll. Auch „Mutter Rose", (- *Hrôdsa* Ruhmträgerin), eine der Holda im wesentlichen identische Göttin, in niedersächsischer Sage auch Waldminchen (d.i. Waldminne, Waldnymphe) genannt, erscheint mit Hasen. Zwei Hasen halten ihr die Schleppe, zwei andre tragen ihr Lichter voraus. Andre Sagen lassen die Göttin nachts in Gesellschaft eines silbergrauen Hasen durch die Fluren wandeln[16]. Der Hase ist ein durchaus ins Elbenreich gehöriges Tier, wie er denn auch im Märchen von Häsichenbraut an Stelle von Zwergen tritt. Daher bezeichnet „Hasenbrot" ein Gebäck, das ein Reisender den Zurückgebliebenen mitbringt von weither (aus dem Elbenlande). Gerade darum, weil der Hase ein dem Elbenlande angehöriges Tier ist, so steht er wie mit dem Tode, so auch mit der Gehurt in Verbindung. Im Hasenteich bei Altenbrak im Oberharz sitzen die ungebornen Kinder. Der Bensheimer Kinderbrunnen liegt in der Hasengasse. Zu Kislegg in Schwaben holt man die Kinder aus dem Hasennest[17]. So versteckt man auch die Ostereier, als Symbol des Lebens in künstlich gemachte Hasennester und sagt, der Hase habe sie gelegt. In Schwaben setzt man sogar einen Hasen auf das Nest.

Wie der Osterhase auf die Bilder der keltischen Nehalennia hinweist, die wie Gertrud eine Göttin der Frucht-

---

16 Vgl. Mannhardt, Die Götter, S. 303. German. Mythen, Berlin 1858, S. 409.

17 Meyer, Schwäbische Sagen 392, 65

barkeit, eine mütterliche Gottheit war, deren Heiligtum an der Mündung der Schelde stand, in jenem *Selandiae extremo angulo*, wo es gleich jenem der Nerthus auf einer *insula Oceani* (Walchern) in einem castum nemus verehrt wurde, so weist das Osterei als Symbolisierung des Lebens weit zurück in das germanische Mutterhaus.

Nach der indischen Genesis und Manus Lehre nämlich schuf Gott zuerst das Wasser; der göttliche Geist bewegte sich darüber und es gerann der allgemeine Schöpfungsstoff in Form eines Eies. In diesem gold- und silberstrahlenden, vierzehnfach gestreiften Welt-Ei lag Brahma Prajapati ein volles Weltalter; da spaltete er die sieben Schalen und schuf aus der goldenen Hälfte die sieben Himmel, aus der silbernen die Erde mit ihren sieben Zonen, wie es in der *Upnekat* heißt:

> Selber durch des Geistes Sinnen
> Teilte er das Ei entzwei,
> Schuf die Erde und den Himmel
> Aus dem so geteilten Ei.

Auch die Perser beschenken sich am Frühlingsfeste Neuruz, mit welchem sie ihr Jahr beginnen, mit gefärbten, vergoldeten, oder künstlich bemalten Eiern; ebenso die alten Slaven am Feste Leinize oder im Lenz, wie dies noch in Rußland von hoch und niedrig, vom Zar bis zum Bettler geschieht, so daß man z.B. die in Petersburg verbrauchten Ostereier auf Millionen berechnet.

Das Osterei mit seinen Ringen symbolisiert also die Schöpfung des Himmels und der Erde mit ihren Regionen, die Welt im Morgenrot. Um Ostern sprengt die Erde ihre Fesseln und feiert mit der Erlösung von der Winternacht ihre lichte Urstende. So wird es auch hierdurch klar, daß wenn das rotgefärbte Ei eben bei den Hebräern in dem

Mahle der Passah-Nacht, welche für die einstige Schöpfungsnacht galt, keine Rolle spielt, die Deutschen ihre Ostern schon im Heidentum selbständig und unabhängig von der semitischen Welt begingen[18].

Bunte Ostereier werden noch fast aller Orten verschenkt, u.a. auch von den Taufpaten an die Kinder, wie z.B. zu Mellin in der Altmark. Die rot gefärbten Ostereier gelten dem Thor, die gelben der Ostara. In Dörfern am Südharz werden die Eier eine abhängige Wiese hinabgerollt und man läuft danach um die Wette. In Mecklenburg freilich werden Ostereier gegessen, aber ein Spiel mit denselben ist nicht gebräuchlich.

Das Eierlesen findet in Norddeutschland zumeist nur so statt, daß sie da gesucht werden, wohin sie der Osterhase gelegt hat, im Buchsbaum, hinter den Stauden und Bäumen des Gartens. In Süddeutschland ist das wirkliche Eierlesen noch eine der schönsten Volksbelustigungen. Ebenso wurde es noch vor nicht langer Zeit in Hessen, z.B. in Ellmarshausen, einer Malsburgschen Besitzung unweit Wolfhagen von den Knechten des Hofes geübt. Einige derselben begaben sich am zweiten Ostertage in die in der Nähe liegenden Mühlen, wo sie nach scherzhafter Aufforderung von jedem Müller eine Anzahl Eier, zusammen etwa 120 – 130 geschenkt erhalten. Nun ziehen alle Knechte auf eine große Wiese bei Ellmarshausen, wo die Eier dann in eine einzige lange Reihe gelegt werden, Stück um Stück, mit je einem Fuß Zwischenraum. An das oberste Ende dieser Eierlinie wird ein Korb gestellt. Zwei Knechte, die sich stark genug fühlen, einen Wettlauf zu bestehen, treten dann hervor, um zu gleicher Zeit ihren Lauf zu beginnen. Des einen Ziel ist das ½ Stunde von Ellmarshausen auf der Höhe liegende Dorf Notfelden, von wo er, mit einem Zeugnis seiner An-

---

18 Vgl. Sepp in der Augsb. Allgem. Zeitung 1877, Nr. 91.

wesenheit versehen, ungesäumt zurückkehren muß. Des andern Aufgabe dagegen ist, von dem Korbe, welcher stehen bleibt, bis zum untersten Ei der Linie zu laufen, dieses zu holen und behutsam in den Korb zu legen und ebenso mit allen übrigen Eiern zu verfahren; doch darf er immer nur eins holen. Hat er auf diese Weise alle Eier in den Korb getragen, ehe der Gegner von Notfelden wieder aus der Wiese eintrifft, so ist der Sieg sein; kommt aber dieser mit seinem Laufe eher zu Ende, als jener mit dem Eierlesen, so hat er den Sieg.

Ist der Wettlauf geschehen so geht es zum Tanz, wobei die andern Knechte den Sieger frei halten müssen. Die Eier werden gemeinschaftlich verzehrt. Ähnlich ist das Eierlesen in Ehlen bei Dörnberg, in Burghasungen und selbst um Frankenberg herum, wie auch an der oberen Diemel üblich.

In Ostfriesland wird, wie auch sonst in Deutschland, mit den Eiern geworfen oder auch geköpft. Die Tage der Osterwoche haben da alle besondere Namen: *blau Mandag, geel Dingsdag, wit Midwêk, grön Dönnersdag, husenbusen Saterdag, hickenbicken Söndag, eiertrüllen Mandag, all-op-pêten Dingsdag.* Am Gründonnerstag muß ebenso wie am Weihnachtstage Grünkohl gegessen werden und bis zu diesem Zeitpunkt wird der letzte Kohl im Garten aufgespart. Am husenbusen-Saterdag, dessen Bezeichnung wohl nur von der dann stattfindenden Reinigung rührt, werden die Ostereier gefärbt. Sie dürfen nirgends fehlen; die drei Ostertage haben von diesem Gebrauche des Eieressens und Eierspielens ihre Namen; am zweiten, auch schon am ersten, zieht alles auf eine nahe Wiese und da wirft oder „bickst" man mit den Eiern; derjenige, dessen Ei zuerst zerspringt, muß es dem Sieger überlassen. Dieselbe Sitte findet sich auch in Mitteldeutschland, z.B. im Waldeckschen. Bei Leer in Ostfriesland liegt eine Erhöhung, der Plietenberg genannt; da werden am Ostertage Buden aufgeschlagen und die halbe Stadt zieht hinaus, um die Eier von der Anhöhe herunterrollen zu lassen. Auch die Sitte des Osterfeuers ist in Gebrauch[19].

Das Eierlesen in Augsburg in der Mitte des 17. Jahrhunderts wird uns von Henischius in seiner *Arithm. Perfecta* Bl. 398 also beschrieben: „Am zweiten Ostertag ist es zu Augsburg allzeit gebräuchlich, daß sich zween Knaben vor dem Rothenthor im Laufen folgender Gestalt üben: dem einen legt man 100 Eier nach der Länge, jedes 2 Schuh von dem ändern, die solle er unzerbrochen in einen Korb, so auch 2 Schuh vor dem ersten Ei stehet, einholen, jedoch so oft er von dem Korb ausläuft, so oft nur 1 Ei bringe. Der andere aber solle unterdessen nach Göckingen (ist ein Dorf, nach gemeiner Meinung ½ Meile von der Stadt gelegen) laufen und wiederkommen: und wer seinen Lauf am ersten verrichtet, der gewinnt, was aufgeworfen ist. Jetzt ist die Frage, wie viel der Eiersammler Schuh laufen müsse und wer vermutlich gewinne?"

Ebenso wird es noch in Schwaben gehalten, wie z.B. in Kirchberg und in Stammheim, sowie in Wurmlingen. Das in Wurmlingen beschreibt Birlinger im Jahre 1874, wie er es selbst erlebte. Da fand auch die Wette zwischen dem Eierleser und dem, der ein Pfand herholen mußte, statt. Hundert Eier wurden ausgelegt. .Wer zuerst zu Ende war, hatte gewonnen. Die Burschen trugen weiße Hosen und waren mit roten Bändern behangen. Das Werfen in die Wanne fand statt auf 50 – 60 Schritt Entfernung.

Im Jahre 1845 fand nach Birlinger auf dem See beim Seehof, südwestlich vom badischen Dorfe Steißlingen das Eierlesen auf dem Eise statt. Einmal lesen die Mädchen, das andremal die Buben Eier. Zuweilen gehts flott her mit

---

19 Sundermann, Ostfr. Volkstum im „Ur-Quell" VI, II, 107.

Musik und beschärpten Reitern. Auch in Beiertheim bei Karlsruh beging man das Eierlesen feierlich.

Der oben genannte Henischius spricht auch von dem Osterspiel des Eierwerfens auf einer Wiese, wo das Ei nicht zerbreche. Diese Kunst, sagt er, brauchen auch die Kinder um Ostern, wenn sie mit den gefärbten Eiern auf den Wiesen spielen. Sie machen die rechte Hand etwas hohl, legen das Ei der Länge der Hand nach in die Höhlung, daß die Spitze gegen die Finger komme, biegen und legen den Mittelfinger darauf; werfen also von unten her das Ei drehend in die Höhe. Weil nun das Ei wegen solches Umdrehens auf eine Spitze fällt, zerbricht es nicht, es falle dann auf ein Holz, Stein oder ander hart Ding, darauf es zerbrechen muß.

Wie beliebt das Eierlesen war, zeigt auch die Erwähnung desselben in den Predigten. So wird in einem alten schwäbischen Predigtbuch (Birlinger II, 77) das Eierlesen umständlich beschrieben und gedeutet:

„Was ist dieß anders als eine unaussprechliche Osterfreud oder fröhliche Schaulust, die Christus seinen Jüngern hat anrichten wollen? Oder (daß ich mich fein bald erkläre) uns vielmehr hierdurch hat wollen Anleitung geben zu einem zulässigen Freudenspiel, dergleichen unsre frommen Voreltern und Vorfahren zu dieser frölichen Zeit gemeiniglich pflegten anzustellen, und annoch an vielen Orten gebräuchlich und üblich ist, welches man nennet das Eier-Klauben oder Eier-Lösen. Ein solches geistliches Eier-Klauben wollen wir heut auch anstellen, zu einer geistlichen Rekreation und Lustbarkeit der Seelen. Sie lassen sich die Zeit nicht lang werden, noch verdrießen; ich fahre indessen fort im Namen des Allerhöchsten. *Attendite*. Ehe und bevor wir diese geistliche Rekreation oder Kurzweil anfahen, ist nicht ein vergeblich Sach, daß wir zuvor wissen, worin obbesagtes Osterspiel bestehe und was da sei das Eier-Klauben oder Eier-Lösen. Dieses Spiel (welches in Ober-Deutschland an vielen Orten noch im Gebrauch ist) bestehet in dem: Man gehet hinaus aufs Feld, oder in einen weiten Hof-Garten oder Wiesen, da läuft man mit ganz Körb voll Eieren zu. Man nimmt eine gewisse Zahl derselben, 100, 200 oder noch mehr. Solche legt man auf den Boden, der Länge nach, eines hinter das andre, in gewisser Distanz: etwa einen Schritt weit von dem andern. Diese Eier muß einer (der das Spiel gewinnen will) allesamt, eines nach dem andern, zuvor aufklauben und in ein bestimmtes Geschirr, e. g. Sieb oder Korb legen, unzerbrochen, ehe daß ein anderer, zu einem gewissen Ziel laufend, wieder zurückkommt. Da gilt es nun ein Gewett, welcher aus diesen Beeden geschwinder sei, der Läufer oder der Klauber. Das ist nun lustig zu sehen. Dann als so oft der Klauber ein Ei aufhebt, läuft er damit zum Korb oder Sieb und legt's darein. Kehrt derweilen der Läufer ehender zurück, so ist das aufgesetzte Gewinnet sein; gleichwie es des Aufklaubers ist, wann er vor der Zurückkunft des Laufenden mit dem Aufklauben fertig wird; zerbricht er aber ein Ei, so hat er's Spiel verloren."

Die Predigt will dann das Spiel des Eierlesens, das nicht allein, zur Lustbarkeit ersonnen sei, geistlich ausdeuten und verweist dabei auf „das sinnreiche Büchlein P. Georgii Stengelii, so er Ova Paschalia intituliert." So will auch er ein „geistliches Eier-Klauben auf die Bahn bringen".

„Vom Ei *in genere* und insgemein zu reden, hält *Erycius Puteanus* das Ei für das große Wunderwerk der Natur, wie er dann davon ein ganzes Buch geschrieben und viel wunderliche Sachen hiervon erzält. Vom Ei sagt er, daß es gleichsamb zweimal werde geboren: das erstemal wann's die Henne oder ein anderer Vogel legt; das andremal, wann es ausgebrütet und ein lebendiger Vogel daraus wird. So, so, AA! gehet es mit uns Menschen auch.

Die erste Geburt, wodurch wir von Mutter-Leib kommen, ist noch ganz schlecht und elendiglich; es ist uns viel zu eng, wann die Welt noch so weit wäre; wir sind in diesem armseligen Leib und etwan unter einem schlechten Dach eingeschlossen wie der Dotter oder das junge Böglein im Ei: wir müssen viel Widerwärtiges von Armut, Krankheit, Trübsal, Hunger, Durst, Hitze und Kälte leiden und ausstehen. Wer ist, dem sein Nest nicht derweilen zu eng wird? Wer rürt sich nicht zu Zeiten unter seiner Schale und wäre gern daraus? Oh! wie viel sind, die sich mit dem heiligen Paulo zuweilen hören lassen: Quis me liberabit de corpore mortis hujus? Wer wird mich erledigen von diesem sterblichen Leib. Doch muß man Geduld haben, wie mit dem Ei, es läßt sich die Sache nicht übereilen. Das Ei ist zwar gelegt; das Vögelein aber, oder das Hühnlein ist noch nicht da, sagt der heilige Augustinus: Ovum est aliquid, sed nondum est pullus, cum Patientia expectetur. Der Zeit und der Brut muß man warten, biß diese vorüber sein wird, und was die Natur nicht kann oder vermag, muß die Gnade ersetzen. Diese wird nach zerbrochener Schale unsers sterblichen Leibs schon zeigen, was aus uns werden soll. – Da laßt uns nun aufklauben dieses Ei, und diese zwei Stück, nämlich unsern ersten Ausschlupf und Geburt, und Ausbrut betrachten.

Mein! was ist schlechters und geringers als ein Ei? Wer's anfänglich haben will, muß sich darum bücken, entweders nach einem Strohnest in einen stinkenden Hennesteig, oder sonst in einem wüsten finstern Winkel. Wer's findet, erhebt einen schlechten Schatz, der kaum drei Heller wert; zerbricht er's, so hat er nichts, als daß er vielleicht seine Händ und Kleider besudelt; und kann man mit einem Ei, wie wir Deutschen pflegen zu sagen, neun Schanden aufheben. Was würde dann ich für ein Ehr aufheben (könnte vielleicht einer bei sich denken), mit einem Eier-Klauben?

Aber, fein gemach! AA! das Ei und unser heutiges Eier-Klauben ist nicht zu verachten: Nicht alles was schlecht, ist darum auch verächtlich. Ach nein! wenn wir alle schlechten Sachen wollten wegwerfen und verachten, würde man auch den kostbaren Sachen ihren Wert entziehen, und das mittelmäßige Ding schlecht sein, weil sonsten nichts Schlechters vorhanden. So schlecht ein Ei sein mag, so kann man's doch zu vielen Dingen brauchen, und hat ein Hennen-Ei unter den Speisen einen so großen Namen, daß, wenn man fragt, welche aus allen Speisen die allerbeste sei? man gleich darauf (und zwar weislich) antworten kann: Ein Ei. Es ist kaum eine Speise besser, gesünder, nützlicher, in einem rechtern Preiß, die besser, früher und leichter zu überkommen, zu kochen und zu verdauen ist, als ein Ei. Weilen es dann um ein Ei ein so köstliches Ding ist, so muß man unsern Oster-, Lust und Eier-Klauben nicht so verächtlich schätzen und wird es hoffentlich niemand verachten."

Wir sehen, wie das hier beschriebene Eierlesen ganz der in Oberdeutschland noch geübten Art desselben entspricht, bei welcher immerhin noch die Vorstellung des Wettkampfes waltet.

In ganz anderer Zeit wird das zur Osterzeit mit Blumen bemalte und ausgeblasene Ei mitunter verwendet. In der Höhlung befindet sich eine kleine Walze, um welche ein langer Papierstreifen gewickelt ist, worauf Glückwünsche geschrieben stehen. Mittels eines außen angebrachten Triebels (Handhabe) wird der Streifen auf- und abgewickelt. Diese Sitte herrscht z.B. in Königseggwald und in Hoßkirch in Schwaben[20]. Ein Beispiel aus Hoßkirch:

Hier verehr ich dir ein Osterei,
Ziehe nur recht langsam, sonst brichts entzwei.

---

20 Birlinger a. a. O. II, 80.

Dies Osterei will ich dir geben,
Auf daß du noch viel Jahr sollst leben.
Viele Jahre und sonst noch viel mehr,
Wenn du sie brauchest zu Gottes Ehr;
Denn Gottes Ehre nur allein
Wird allezeit das beste sein.
Was Gott will, das muß geschehen,
Wenns schon die Menschen nicht gerne sehen.
Dann vor Gott bleibt nichts verborgen,
Sei es Abend oder Morgen.
Ich erwähle mir nur eines,
Ein getreues und sonst keines –
Ein treues Herz das muß ich haben
Und sollt ich's aus der Erde graben.
Wer ein treues Herz will finden,
Muß bei der Sonnen ein Licht anzünden.
Wann die Falschheit bränn wie das Feuer,
So wär das Holz nicht halb so teuer.
Liebstes Kind, darf ich's wagen,
Dich ein einziges Wort zu fragen?
Ob deine Lieb und Treu
Nur auf mich gerichtet sei.
Blumen welken, Schönheit schwindet,
Alles gehet mit der Zeit;
Doch was die Liebe sonst umwindet,
Das bleibet Jahre so wie heut.
Ein Hüttchen, darinnen ein Stübchen,
Und ist der Raum noch so winzig klein –
Wie dieses Ei.

Abgesehen von diesem mehr gemütlichen Gebrauch des Ostereies tragen selbst die an das Ei sich knüpfenden Ostersitten immer noch den Charakter eines Wettstreits oder „Widerstreits", den wir am deutlichsten in jenen Osterspielen ausgeprägt sahen, in welchen im Wettstreit Sommer und Winter miteinander kämpfen. Solche Wettkämpfe beruhen auf unvordenklicher Überlieferung und sind samt der Wechselrede in. jenem dramatischen „Widerstreit" durch viele Jahrhunderte gegangen.

Den Namen Widerstreit übertrug man dann auch auf die kirchliche Liturgie mit ihren Responsorien. Die ganze Liturgie, zumal die österliche, ist ja ein Wechsel von Rede, Sang und Widersang und während das weltliche österliche Streitgedicht ein Gesang der Naturfreude war, wird solche Liturgie zum Gesange der Heilsfreude um die Wette.

3. Die kirchlichen Ostersitten

Wie die Kirche in Bezug auf das alte Julfest umbildend verfuhr, so brauchte sie sich vollends in Bezug auf das altheidnische Frühlings- und Siegesfest des Lichts oft nur umbildend zu verhalten. Hatte man sonst den Frühling als einen Erlöser vom Tode gefeiert, Winter und Tod ausgetrieben und den tapferen Überwinder im Spiele gepriesen, so war es nicht schwer, dem Volke in dem auferstandenen Lebensfürsten den vollen Sieg des Lichtes und des Lebens zu zeigen und das Natürliche und Vergängliche auch hier nur als ein Gleichnis darzustellen.

Merkwürdig und überraschend kamen sich die österlichen Volks- und Kirchensitten auf halbem Wege entgegen.

Nach dem schmerzensreichen Karfreitage, „aller Tage trübstem"[21], wie ihn der altsächsische Heliand nennt, begann die Kirche in ahnungsvoller Hoffnung den Karsamstag. Zwar ruht der Leichnam des Herrn, mit Wunden bedeckt, noch im Grabe, doch leuchten schon die Strahlen der Osterhoffnung durch das trauernde Gemüt: Christi Wort und Tod verbürgt es, daß der Tod sein Opfer nicht behalten werde.

Der Tag der Grabesruhe des Herrn ist der sog. große Sabbath ($\sigma\acute{\alpha}\beta\beta\alpha\tau o\nu$ $\ddot{\alpha}\gamma\iota o\nu$), der zwar mit Fasten und Wachen bis zum Sonnenaufgang des Ostermorgens begangen wird, der aber schon als letzter Tag des Passahfastens vom zweiten Jahrhundert an immer mehr einen gewissen festlichen Charakter annahm. Es ist der Tag der Vorfreude, der-

---

21 Vgl. Freybe, Der Karfreitag in der deutschen Dichtung, Gütersloh.

dies illuminata und *dies vigiliarum*, der zwar noch Fasttag, sich mit der Nachtfeier zu einem Freudenfest verwandelte, indem man mit freudigster Erwartung dem herrlichen Feste der glorreichen Auferstehung des Siegers über Tod und Grab entgegenharrte. Das ganze Werk der vollbrachten Erlösung stand schon lebendig vor der feiernden, mit Christo triumphierenden Gemeinde.

Diese Stimmung des frohen Harrens mußte noch gesteigert werden durch den Gedanken, daß der Gekreuzigte vor seiner Auferstehung als Sieger in den Hades, in das Totenreich hinabgestiegen sei, um denen, die in der alttestamentlichen Zeit seiner geharrt, das Evangelium seiner Erlösung zu verkündigen, wie anderseits durch den Glauben[22], daß Christus, wie er in dieser Nacht vom Tode zum Leben erstanden sei, so auch in ihr wiederkommen und die Weltherrschaft antreten werde, eine Erwartung, die Hieronymus unbedenklich schon auf apostolische Tradition zurückführt.

Diese Nacht heißt die *Nox angelica*, die Engel-Nacht. Denn Engel kamen vom Himmel und wälzten den Stein von des Grabes Tür. Auf die *nox angelica*, folgt der Königstag, der *dies regalis.* Die Engelnacht begann schon am Karsamstage Nachmittag 3 Uhr und berührte sich mit dem *dies regalis* gegen 3 – 4 Uhr morgens, in dem Moment, in welchem mit dem ersten Strahl der Sonne das Halleluja erscholl, der Höhepunkt des ganzen Festes, in welchem die Heilsfreude der Kirche zu ihrem vollsten triumphierenden Ausdrucke kommt. Diese Engelnacht nennt der heilige Augustin die *mater omnium vigiliarum, in qua totus vigilat mundus,* und Lactantius sagt: *Haec est nox, quae nobis propter adventum Regis et Domini nostri pervigilio celebratur; in ea vitam accepit, quum passus est, et postea*

---

22 Lactanz VII, 19.

orbis terrae regnum recepturus est. Diese Erwartung erneuerte sich jährlich.

Als das Christentum Staatsreligion und die Kirche Staatskirche geworden war, wurde diese Engelnacht auch öffentlich glänzend gefeiert, so daß λαμποφορία καὶ φωταγωγία stattfand.

Kaiser Konstantin selbst verbrachte die Nacht wachend und feiernd in der Gemeinde. So allgemein war das Wachen in die Volkssitte übergegangen, daß, wie Augustin (serm. 219) berichtet, selbst die Heiden sich nicht der Ruhe überließen.

Kaiser Konstantin soll nach Eusebius diese Nacht sogar in den hellsten Tag verwandelt haben, so daß die Osternacht zu einem Lichtfest ohne gleichen wurde. Hohe Säulen von Wachs wurden in der ganzen Stadt angezündet, Fackeln und Lampen verbreiteten Tageshelle. Welch ein mächtiger Eindruck, wenn draußen die ganze Stadt erleuchtet war, und drinnen in der Kirche die ganze Gemeinde in weißen Kleidern feierte, wie sie die schon Getauften zur Erinnerung an ihre Taufe, die andern zum Fest der eigenen großen Tauffeier trugen, die in den ersten Jahrhunderten gerade in dieser Nacht stattfand.

Am Palmsonntage war den Katechumenen in der Gemeinde feierlich das apostolische Glaubensbekenntnis übergeben (*tradere symbolum*), am Donnerstage hatten sie dasselbe in der Kirche vor dem Bischof oder den Presbytern abgelegt (*reddere symbolum*); in der Vigilie vor dem Auferstehungsfeste wurden sie getauft, nachdem die Konsekration des Taufwassers vorausgegangen war. Zunächst aber erfolgt nach Beendigung des Stundengottesdienstes, der *horae canonicae* für den Ostersamstag, die Weihe des neuen Feuers samt der Weihe der Passah- oder Osterkerze (*benedictio cerei paschalis*), eine Sitte, die noch heute in Übung ist, während erst Gregor der Große (590 – 604) jene Osterkerze erwähnt und zwar in einem Briefe in welchem er dem kranken Bischof Marianus von Ravenna anrät, er möge die in seiner Gemeinde üblichen Weihegebete über die Osterkerze durch einen andern Priester verrichten lassen (Lib. XI, cap. 33). Die Weihe des neuen Feuers aber war noch zu Papst Zacharias Zeit (741 – 752) in Rom unbekannt. Bonifatius hatte bei ihm angefragt, wie er sich gegenüber den deutschen ignes paschales verhalten solle. Zacharias gibt ihm eine Antwort, welche zeigt, daß ihm diese Sitte unbekannt war (ep. 87). Die Kirche hat dann dieselbe zu ihren liturgischen Zwecken umgebildet und in den Dienst ihres Lebens gezogen, wenn auch in veränderter Gestalt. Hundert Jahre nach Papst Zacharias wird die kirchliche Sitte der Weihe des neuen Feuers in einer Homilie Leos IV. (847 – 851) schon als bestehend angedeutet.

Nach der Beendigung der *horae canonicae* nämlich wird vor den Kirchtüren aus einem Feuerstein Feuer geschlagen und von dem so gewonnenen Feuer werden Kohlen angezündet. Der Priester erscheint mit seinen Administranten zur Weihe des neuen Feuers und einiger Weihrauchkörner, fünf an der Zahl. Die neuangebrannten Kohlen kommen in das Rauchfaß. Das „neue Feuer" und die Weihrauchkörner werden besprengt und beräuchert mit den Worten: „Entsündige mich mit Ysop, daß ich rein werde."

Indessen sind alle Lichter, die bis dahin in der Kirche brannten, ausgelöscht worden. Die Geistlichkeit tritt in Prozession ein, der Diakon trägt ein Rohr mit drei Kerzen.

Sowie sie die Kirche betreten haben, zündet er eine der Kerzen mit dem neuen Feuer (*novus ignis*) an.

Die ganze Gemeinde fällt auf die Knie; der Diakon singt *Lumen Christi* und jene antwortet:*Deo gratias*. Offenbar soll also dies Licht Christum symbolisieren, der ja sagt: „Ich bin das Licht der Welt." Durch ihn ist der Welt neues Licht und Leben geschenkt.

In der Mitte der Kirche wird die zweite, weiterhin die dritte Kerze angezündet. Ist man am Altare angekommen, so stimmt der Diakon jenen Hymnus auf Christus, als auf das große, der Welt neu aufgegangene Licht an:

Exultet jam angelica turba coelorum.

Dann beginnt er eine Präfation auf diese Nacht, in der die Väter durch das rote Meer gegangen. Nun befestigt er jene fünf Weihrauchkörner in Kreuzesform – zur Erinnerung an die fünf Wunden Christi – an eine große Kerze, *cereus paschalis* genannt.

Vermutlich ist diese Sitte der Osterkerze aus der gallischen Kirche des 5. und 6. Jahrhunderts nach Italien gekommen; in Rom wurde sie im 7. oder 8. Jhdt. heimisch und ebenso auch in England; *Beda venerabilis* († 735) gedenkt des *cereus paschalis* bereits.

Zuletzt wird die Osterkerze von dem neuen Feuer der Kerzen jenes Rohrs und dann werden auch die übrigen Lampen der Kirche angezündet. Der Diakon bittet Gott, daß er diese, zu seines Namens Ehre geweihte Kerze zur Verherrlichung der Dunkelheit dieser Nacht gereichen lassen wolle, der seligen Nacht, welche die Ägypter beraubt, die Israeliten bereichert habe. Der Morgenstern soll die Kerze noch brennend finden, der Morgenstern, der den Untergang nicht kennt.

Die Osterkerze aber, die von dem neu gewonnenen Feuer zuerst angebrannt war, mußte hiernach nun das ganze Jahr über bei jedem Hauptgottesdienst brennen.

Von diesem heiligen, noch in dem sog. ewigen Licht das ganze Jahr forterhaltenen Feuer holten dann am Ostersonntage die Gemeindeglieder, um das ausgelöschte Herdfeuer wieder anzuzünden.

Solche Osterkerzen wogen oft 60 – 100 Pfund und waren pyramidenartig gestaltet; wegen ihrer Größe heißt die Kerze daher auch öfters *columna paschalis*.

Eine andere, mit der Osterkerze verwandte kirchliche Sitte war die Modellierung der Osterlämmer (*agnus Dei*) aus einer mit Öl gesättigten Wachsmasse. Sie wurden nach dem Zeugnisse des Amalar von Metz (*lib. I de offic. eccles. c. 17*) unter das Volk verteilt und in den Häusern angezündet. Da Ähnliches auch mit der Osterkerze geschah, so war wohl die Absicht, das Volk daran zu gewöhnen, daß sie das häusliche Licht nicht an den heidnischen Osterfeuern, sondern an den von der Kirche geheiligten Stoffen und Elementen erneuten[23].

Bei der kirchlichen Sitte der Weihe des neuen Feuers hat man wohl an das Feuer der Vesta erinnert, das, wenn es aus Unvorsichtigkeit ausgegangen war, auf ähnliche Weise erneuert wurde, ja selbst an Gebräuche der Indianer gedacht. Doch sieht man nicht ab, wie solche Analogien die Sitte irgendwie erklären können. Eher dürfte man den Ursprung mit Simrock u.a. in den heidnischen deutschen Osterfeuern suchen. Aber so gewiß die kirchliche Sitte auch den Deutschen einen Ersatz für die heidnischen Osterfeuer bieten sollte und wirklich bot, so findet sie ihre Erklärung doch wie sonst so auch hier erst durch die Erwägung des eigentlichen Sittenkernes, d.h. des der Sitte zu Grunde liegenden Gedankens. Und dieser ist klar.

Betrachtete doch die Kirche den Tag des Todes und der Grabesruhe Christi als Tage der höchsten Trauer und Verlassenheit. Der Bräutigam ist hinweggenommen, das Licht der Welt, wie der Herr selbst sich nannte, erloschen. Nur durch Gottes Macht kann es ihr wiedergegeben werden. Entsprechend nun der Hinwegnahme des Lichts der Welt aus dem Reiche der Lebendigen sind alle Lichter in der Kirche verlöscht. Licht aber muß doch da sein, denn ohne Licht kein Leben. Woher nun das Licht nehmen? So wird

---

23 Vgl. Passah von Steitz in Herzogs Real-Enzyklopädie.

es durch Gottes Wirkung der Natur neu entlockt und stellt sich in dem „neuen Feuer", sowie in der an ihm angezündeten Osterkerze nun als ein Symbol des am Ostermorgen wiedererweckten Lichts der Welt dar. Von nun an werden alle Lichter von dieser Kerze angezündet und alle andern empfangen das Jahr hindurch mittelbar durch sie Licht: so wird der zu neuem Leben erstandene Heiland allen denen, die an ihn glauben, von nun an der Quell alles Lichts und Lebens (Joh. 1, 4 – 5; 8, 12). Gerade an der Botschaft von dem erstandenen und nun allzeit lebendigen und gegenwärtigen Christus entzündet sich von neuem der weltüberwindende Glaube. Möglich, daß man bei der *columna paschalis* auch an jene Feuersäule (Ex. 13, 21) dachte, welche dem aus Ägypten ausgewanderten Volke zum Wegweiser diente und in welcher Jehovah selbst ihm voranzog. Das wird der eigentliche Sittenkern sein.

Nach der Weihe des *cereus paschalis* nun erfolgten die Lektionen, die sog. *Prophetiae sine titulo*, Prophetien aus den historischen und prophetischen Büchern des Alten Testaments, deren Zahl anfangs schwankend zwischen 4., 14 und 24, später auf 12 festgestellt wurden, – ein großartiger, umfassender Rückblick auf die Weissagung und typische Darstellung des Alten Bundes:

1. Die Schöpfung Gen. 1.
2. Die Sündflut Gen. 5 – 8.
3. Abrahams Opfer Gen. 22.
4. Der Durchzug durchs rote Meer Ex. 14. 15.
5. Die Weissagung auf die Taufe Jes. 54. 55.
6. Die Weissagung auf Christi Auferstehung Baruch 3.
7. Die allgemeine Auferstehung Ezech. 37.
8. Die Parabel vom Weinberg Jes. 4. 5.
9. Die Einsetzung des Passah Ex. 12.

10. Das Zeichen des Jonas Jon. 3.
11. Mosis Lobgesang am Schlusse seines Lebens Deut. 31.32.
12. Lobgesang der drei Männer im feurigen Ofen als Bild des Fegefeuers und der Hölle.

Jeder Lektion folgt ein Gebet, welches den Schlüssel des typischen Verständnisses enthält. „Die Anordnung ist einfach und sinnvoll, das ganze gibt Zeugnis von einer Zeit, in welcher der liturgische Bildungstrieb der Kirche noch in voller schaffender Kraft stand" (Steitz).

An die Lektion dieser Prophetien schloß sich nun die Weihe des Taufbrunnens, des Taufwassers für das ganze Jahr, die *benedictio fontis*. Der Ausdruck *fons* (Quelle) bezeichnet in der Kirchensprache zunächst die Taufsteine solcher Kirchen, in denen selbst eine Quelle entsprang, die dem Taufstein das Wasser zuführte, später erst den Taufstein überhaupt, wie denn im Niederdeutschen die mundartlichen Benennungen *Fünt, Fönte, Fünte* (von *fons*) noch immer von alten Taufsteinen gebräuchlich sind[24]. Der Weihe des Taufwassers liegt der Gedanke zu Grunde, daß die gesamte Schöpfung durch den Sündenfall unter die Gewalt dämonischer Kräfte gekommen und verunreinigt sei. Die Weihegebete, welche das Wasser dem Fluche entnehmen sollen, erbitten, daß der Geist Gottes sich in das Taufwasser herablasse, es mit seiner Kraft befruchte und zum Lebensquell heilige, dem neue Kreaturen entsteigen. Ausdrückliche Exorzismen gebieten im Namen des Herrn jedem unreinen Geist, von dem Wasser zu weichen, dasselbe weder zu umschweben, noch zu umschleichen, noch zu infizieren. Es wird gesegnet im Namen des

---

24 In Mecklenburg, wo sie meist aus Granit sind, z.B. in Altgaarz, Altkalen, Belitz, Hohenvicheln, Pokrent, Staffenhagen, Teterow, Vietlübbe.

Vaters, der das Wasser in vier Strömen aus des Paradieses Quell ausgehen ließ über die Erde; der das bittere in süßes gewandelt und es dem dürstenden Volke aus dem Felsen hervorbrechen ließ; im Namen des Sohnes, der es auf der Hochzeit zu Kana in Wein verwandelt, mit seinen Füßen über dasselbe geschritten und mit ihm von Johannes im Jordan getauft worden; aus dessen Seite es zugleich mit dem Blute ausgeflossen und der seinen Jüngern über ihm den Taufbefehl gegeben hat.

Der Höhepunkt liegt in den Worten: „In dieses Quelles ganze Fülle steige die Kraft des heiligen Geistes und befruchte die Substanz dieses Wassers mit erneuerter Wirkung; hier mögen alle Sünden getilgt werden." Diese Weihegebete sind von bedeutungsvollen Handlungen begleitet. Der Priester teilt mit ausgestreckter Hand das Wasser in Kreuzesform, schlägt darüber drei Kreuze, schöpft mit der Hand, gießt es aus nach den vier Himmelsgegenden, senkt dreimal die Kerze hinein, haucht es dreimal an, läßt durch die Assistenten nach vollzogener Benediktion das Volk damit besprengen und gießt zuletzt von dem Chrisma einige Tropfen in Form des Kreuzes hinein, um ihm die Kraft der Wiedergeburt befruchtend mitzuteilen.

Diese jährliche Wasserweihe der katholischen Kirche fand übrigens in Mecklenburg nach N. Gryse schon am Gründonnerstage statt, ward aber erst Ostern durch das dreimalige Eintauchen der geweihten Kerze vollendet. Das so geweihte Wasser ward nun nach dem Volksglauben wundertätig, ebenso wie das Osterwasser, welches in der Osternacht um 12 Uhr, oder zwischen 12 und 1 Uhr, oder unmittelbar vor Sonnenaufgang geschöpft wurde. Dies Osterwasser wird jedoch aus fließendem Wasser geschöpft, weshalb es in Mecklenburg auch Fleitenwater heißt. Dazu muß es gegen den Strom geschöpft werden, oder es muß der Wind beim Schöpfen desselben von Osten nach Westen gehn. So auch zu Neuermark a. d. Elbe. Das Schöpfen muß stillschweigend geschehen, auch auf dem Hin- und Rückwege darf man nicht sprechen. Man muß vor Sonnenaufgang wieder zu Hause sein, sonst verliert es seine Kraft. Man trinkt drei Schlucke davon, oder wäscht sich am Ostermorgen vor Sonnenaufgang mit dem Wasser. Solches Wasser hält sich nach dem Volksglauben das ganze Jahr hindurch und verdirbt nicht; es macht schön und hat Heilkraft, hilft besonders gegen Hautkrankheiten, auch gegen schlimme Augen und Sommersprossen. Manche Leute kochen am Ostertage ihr Essen darin. Ähnlich in Pommern. In Swinemünde schöpft man mit dem Strom unter den Worten:

Dieses Wasser schöpf ich,
Christi Blut anbet ich,
Dieses Wasser und Christi Blut,
Sind für siebenundsiebzigerlei Fieber gut.

Auch breitet man wohl am Abend vor Ostern ein Linnen im Garten aus und wäscht sich am Ostermorgen mit dem Tau, Regen oder Schnee, der drauf gefallen: das soll das ganze Jahr vor Krankheit bewahren. So z.B. im Stargardschen[25].

Solcher Wasserweihe in der Osternacht, wie sie lange vor der Einführung des Christentums schon üblich sein mochte, entsprach die Kirche nun durch jene Weihe des Taufbrunnens, in welcher die heidnische Sitte wiederum eine Umbildung erfuhr, eine Umbildung, welche den Gedanken der ursprünglichen Sitte, daß man ein heilkräftiges Wasser des Lebens bedürfe, als Sittenkern festhielt, zugleich aber diesen Gedanken, diesen Sittenkern zu seiner

---

25 Vgl. Bartsch II, 259. 260. Kuhn und Schwartz Norddeutsche Sagen, Märchen und Gebr. 374.

vollen Entfaltung und Blüte brachte, indem die Kirche dem nach einem heilkräftigen Lebenswasser verlangenden Volke dieses im Wasser der heiligen Taufe wies und ihm gerade in der Osternacht, in der es sonst das vermeintlich heilkräftige Wasser geschöpft hatte, im Taufbrunnen den wahren Jungbrunnen des Lebens zeigte und so der alten Sitte mit ihrem halb dunklen Heilsverlangen ihren Vollgehalt gab.

Nach der Weihe des Taufbrunnens in der Stunde der Mitternacht erfolgte dann die Taufe von Hunderten, ja mitunter von Tausenden in den Baptisterien, den Taufkapellen, und die Zurückführung der Neophyten im weißen Gewande in die Versammlung der Gemeinde, von der sie mit den mächtigen, trostreichen Klängen des 118. Psalms als Glieder derselben freudig bewillkommt wurden, jenes Psalms, der Christi Sieg und Triumph feiert mit den Worten:

Man singet mit Freuden vom Sieg in den Hütten
der Gerechten:
    Die Rechte des Herrn behält den Sieg.
Die Rechte des Herrn ist erhöht,
    Die Rechte des Herrn behält den Sieg.
Ich werde nicht sterben, sondern leben Und des Herrn Werk verkündigen.
    Der Herr züchtigt mich wohl,
Aber er gibt mich dem Tode nicht.
    Tut mir auf die Tore der Gerechtigkeit,
Daß ich da hineingehe und dem Herrn danke.
    Das ist das Tor des Herrn;
Die Gerechten werden da hineingehen.
    Der Stein, den die Bauleute verworfen,
Ist zum Eckstein geworden.
    Das ist vom Herrn geschehen

Und ist ein Wunder vor unsern Augen.
  Dies ist der Tag, den der Herr macht;
Laßt uns freuen und fröhlich darinnen sein.
  O Herr hilf, o Herr, laß wohl gelingen!
Gelobet sei, der da kommt im Namen des Herrn.
  Wir segnen euch, die ihr vom Hause des Herrn seid.

Das ist der Psalm, der sich zum Willkommen der Neugetauften umsomehr eignete, als er zugleich die Freude der Gemeinde über Christi Sieg voll zum Ausdruck bringt.

Die folgenden acht Tage von Ostern bis zum nächsten Sonntage nannte *manhebdomas neophytarum* (die Woche der Neugetauften) *oderocto dies neophytarum*, weil während dieser Zeit die in der Ostervigilie Getauften ihre weißen Taufgewänder trugen. Erst am Sonntage nach Ostern, welcher *dominica in albis*, oder „weißer Sonntag" heißt, legten sie dieselben ab. Der in der heutigen griechischen Kirche gebräuchliche Name *Κυριακὴ τοῦ Θωμᾶ*, Sonntag des Thomas, bezieht sich auf Joh. 20, 24 fg., wo der Auferstandene dem zweifelnden Apostel erscheint mit der Aufforderung: Lege deine Hand in meine Seite! und dieser vor ihm anbetend niederfällt mit dem Ausruf: „Mein Herr und mein Gott!" Der Name *Quasimodogeniti* ist dem Introitus 1 Petr. 2, 2 entlehnt („Und seid begierig nach der vernünftigen lautern Milch als die jetzt gebornen Kindlein!") und kommt erst im Mittelalter vor.

Eine solche Tauffeier in der Osternacht fand indessen nur in den ersten Jahrhunderten und später nur in den Ländern statt, die noch missioniert und evangelisiert wurden. Nach der Annahme des Christentums trat im Mittelalter an die Stelle der großen Tauffeier eine andere Feier, nämlich die der Höllenfahrt Christi und seiner Auferstehung im geistlichen Spiel, im sog. *ministerium*. Denn die Höllenfahrt wurde ebenfalls als ein Siegesfest des Lebensfürsten betrachtet.

Das Wort *misterium* (altfranz. *mistere*) ist nur die mittellat. Kürzung von *ministerium* (an das griechische μυστήριον d.h. Geheimnis ist dabei nicht zu denken), eine Benennung, die uns auf den Dienst des *minister*, den liturgischen Dienst hinweist, welcher der ernste Untergrund dieser Spiele oder Dramen ist, die aus der kirchlichen Liturgie erwuchsen und gleich dieser dem Volke die Tatsachen der evangelischen Geschichte vergegenwärtigen sollten. Die Liturgie, zumal die österliche, ist ja ein Wechsel von Sang und Widersang, ein Gesang der Heilsfreude um die Wette, wie die weltlichen Osterlieder des Volks ein Wettgesang der Naturfreude waren. Jenem sog. Streitgedicht steht der kirchliche Gesang der Heils- und Osterfreude zur Seite mit seiner edlen, kurzen dramatischen Vergegenwärtigung. So wurden eben durch die Liturgie die dramatischen Keime, die in unserm Volk lagen und die gerade zur Osterzeit im Osterspiel sich regten, weiter entwickelt. Zu den Wechselgesängen kamen zunächst die notdürftigsten Handlungen, welche im Kommen, Gehen und Räuchern bestanden, oder auch in der Übergabe der Grabestücher an die Apostel Petrus und Johannes. So hatte man also, wenn auch sehr sparsam, zum Bericht der Festgeschichte das mimische und dramatische Element hinzugefügt. Es bildete sich eine liturgisch-dramatische *Elevatio Christi de sepulchro* und aus dieser als Erweiterung das Osterspiel (*ludus*) des 14. und 15. Jahrhunderts. Aus szenischen Gründen wurde hier die Darstellung der Höllenfahrt hinter die der Auferstehung verlegt[26], denn den Sieger über Hölle und Teufel konnte man nicht ohne Leib darstellen.

Ohne alles mechanische Beiwerk bestand solche Darstellung zunächst nur in der mimischen und sparsam an-

---

26 Vor dieselbe nur bei Fichard 3, 152.

gewandten dramatischen Vergegenwärtigung der Festgeschichte, bestimmt zur Erbauung des Volks, nicht zum Zeitvertreib weltlicher Lust. So war es ja auch kein fremder, sondern ein allen Zuschauern wohlbekannter Stoff: es war die alte, längst bekannte Festgeschichte, welche zu immer neuer Freude, zu immer festerer Heilsaneignung jährlich neuerlebt oder nacherlebt werden sollte. Einförmig und langweilig wurde solch misterium ebensowenig wie die kirchliche Liturgie oder auch ebensowenig wie die Bilder der Apostel und Propheten, oder andere Gestalten der heiligen Schrift, welche von den Säulen und Kirchenwänden auf das Volk herabschauten. Wie viele Maler haben biblische Gestalten und Gegenstände dargestellt, deren Gemälden man weder die Mannigfaltigkeit des Stoffes noch der Form absprechen kann. Ähnlich ist es mit diesen lebendigen Darstellungen der heiligen Geschichte im misterium mit ihrer tiefgedachten Gruppierung der Personen und den feinen inneren Beziehungen des geschichtlichen Zusammenhangs in ihrer gedankenvollen Betrachtung.

Daß aber unser geistliches Schauspiel wirklich aus der kirchlichen Liturgie entstand, beweist schon die Tatsache, daß man den gottesdienstlichen oder kirchlichen Text der Festtage in ihnen ganz oder teilweise wiederfindet. Wenn man auch nicht wüßte, sagt Mone (Schausp. des M.-A. I, 6), daß die Auferstehungsfeier in der Kirche gehalten wurde, so könnte man es schon aus den geistlichen Osterspielen entnehmen. Ihren Wechselgesängen liegen die Responsorien des Gottesdienstes zu Grunde. Die Responsorien sind Wechselgesänge zwischen dem Priester und dem Volk; dieses antwortet jenem, und je größer die Kirche ist, desto lauter müssen beide reden, was von selbst zum Gesänge führte, weil dieser weiter gehört wird als das gewöhnlich gesprochene Wort. Dazu galt das Singen immer noch als eine heilige Rede; *bis orat qui cantat.*

Bei der Osterfeier war der Chor zum Zweck des Wechselgesangs eingeteilt, anfänglich in Solo und Chor, nachher auch in Duetten, Solo und Chor und in Terzetten.

Die Kirchentexte der Passion und Auferstehung sind in Prosa und bestehen größtenteils aus Bibelversen. Wie in der Vesper sonst die Psalmen versweise von abwechselnden Chören gesungen wurden, so war es ähnlich auch mit diesen Antiphonen, die meist aus der alttestamentlichen Weissagung genommen waren[27]. Gereimte Texte finden sich kaum vor dem 12. Jahrhundert; sie wurden nur in einzelnen Kirchen zugelassen, nicht in das allgemeine Ritual ausgenommen. Man erlaubte sich im Ritual weder eine Erweiterung des Textes, noch eine andere Handlung als jene Übergabe der Grabtücher. Wie es in den Klöstern gehalten wurde, zeigt uns Gerbert, der berühmte Abt von St. Blasien im Schwarzwald († 1793), in seinen Monumenten der alten Alemannischen Liturgie (II, 237).

Zwei Priester kommen in den Chor, treten in einiger Entfernung zum Grabe und singen (*voce mediocri*) gegen das Grab gewendet: *Quis revolvet nobis lapidem?* Ihnen antwortet ein Diakon, der hinter dem Grabe steht, psallierend: *Quem quaeritis?* Darauf jene: *Jesum Nazarenum.* Der Diakon: *Non est hic*[28]. *Ite nuntiate*. Dann wenden sich die beiden Priester zum Chor und singen: *Surrexit Dominus de sepulchro usque in finem.* Nachdem die Antiphone beendigt ist, beginnt der Abt das *Te Deum laudamus*, mitten vor dem Altar stehend, und alsbald läuten die Glocken.

Ferner giebt Gerbert in dem genannten Werke aus einer Züricher Handschrift von 1260 noch eine Beschreibung der

---

27 Wie schon *Basilius de constitut. s. missae* sagt: τὰ ἀντίφωνά ἐστι τῶν προφητῶν αἱ προρρήσεις, προκαταγγέλλουσαι τὴν παρουσίαν τοῦ υἱοῦ τοῦ θεοῦ ἐπὶ γῆς.

28 Nach diesem *Non est hic* folgen bei Gerbert a. a. O. die Worte: *Mox incendent sepulchrum et dicente diacono: ite, nuntiate vertent se ad chorum etc.*

Auferstehungsfeier, wie sie damals in der dortigen Stiftskirche gehalten wurde. Auch hier fragen die Weiber (*devote cantantes*): *Quis revolvet?* Der Engel: *Quem quaeritis.* Die Weiber:*Jhesum Nazarenum.* Der Engel: *Non est hic.* Dann aber singt der Klerus die Antiphone: *Currebant duo simul* und nun gehen zwei Kanoniker, welche Petrus und Johannes darstellen, eilend zum Altar der Märtyrer (*quasi festinanter vadunt ad altare martyrum*), jedoch der jüngere schneller als der ältere. Dort werden sie von einem andern Kanoniker, der den Engel darstellt, empfangen und erhalten von ihm glänzend weiße Leintücher (*candidissimis linteis ab ipso Canonico receptis*). Diese bringen sie zurück zum Klerus und indem sie dieselben in die Höhe halten, singen sie:Cernitis o socii, worauf dann der Chor sofort das *Te Deum laudamus* anstimmt.

In dieser Weise also hat das geistliche Osterdrama, auf liturgischem Untergrund seinen Anfang genommen, das Osterspiel, welches schon den Wettlauf Petri und Johannis zum Grabe zur Darstellung brachte, sich später immer mehr erweiterte, und im 14. und 15. Jhdt. auch die der Höllenfahrt Christi als einen *actus majestatis* mit aufnahm.

Bei der großen Feier des Ostersonntags, des *dies regalis* durfte kein Schauspiel gehalten werden; in der *nox angelica* trat es an Stelle der früheren großen Tauffeier. Es dauerte später von Mitternacht bis gegen 4 Uhr morgens, denn da bereitete sich das Höchste der Osterfeier vor, da nahte der Mittelpunkt des ganzen Kirchenjahrs.

Wie einst im Tempel zu Jerusalem während der Dämmerung ein Priester auf der Zinne des Tempels stand und nach Osten schaute, bis er endlich einem wartenden Priester zurief: „Es wird Licht gegen Hebron," so hatte ein Subdiakon schon längst dem ersten Strahl der aufgehenden Sonne entgegen gesehen. Nun bricht er sich durch die

Menge eine Bahn und eilt dem Altäre zu, an welchem der Bischof eben die Epistel Kol. 3, 1 – 4: „Seid ihr nun mit Christo auferstanden, so suchet was droben ist, da Christus ist, sitzend zur Rechten Gottes" beendigt – und ruft ihm zu: *Reverendissime pater, annuncio vobis magnum gaudium, quod est Alleluja.*

Sofort intoniert der Bischof das Halleluja und dies ist der Moment, in welchem die *nox angelica*, die Engelnacht, in den *dies regalis*, den Königstag, übergeht.

Dies mächtige, die ganze Kirche erfüllende Halleluja bei der Begegnung der Nacht und des Tages, bei der Feier des vollendeten Sieges des Lebens über den Tod, bei der Rückkehr des Auferstandenen aus dem Grabe und der Hölle ist der Höhepunkt der Osterliturgie. Ja nach diesem Halleluja, dem Höhepunkt der ganzen Feier, hieß das Osterfest auch geradezu das Hallelujafest.

Wie kein Tag des ganzen Kirchenjahres im Kultus der römischen Kirche so ausgezeichnet und so bedeutsam hervortritt als das Osterfest, so ist wiederum dies Halleluja der Höhepunkt der eigentlichen Osterfeier. Es ist der freudenreichste, herrlichste Jubelklang des ganzen Kirchenjahres. Erst später verlegte die alte Kirche die Feier auf die späteren Morgenstunden und nur die griechische hat die ursprüngliche Feier beibehalten.

Nach dem großen Halleluja erfolgt die Lektion des Festevangeliums Matth. 28, 1 – 7.

Darauf wird das heilige Abendmahl von den Täuflingen zum erstenmal empfangen. Doch genossen alle Gläubigen das Sakrament an diesem Morgen. Es war dies eine so feststehende allgemeine Sitte, daß Patricias in seinen Verordnungen sagt: *In nocte Paschae qui non communicat, fidelis non est.*

Hierauf wurde die Gemeinde nach dem Osterkusse mit dem Surrexit Dominus entlassen, worauf sie antwortet:

Vere surrexit, oder *Deo gratias,* oder *Et appariut Simoni.* In der griechischen Kirche sind die Gotteshäuser zudem mit Blumen reich geschmückt. Am Morgen des ersten Ostertags tritt nach vollendetem Morgengebet der Priester vor den Eingang des Chores und hält das mit einem Kreuze geschmückte Evangelienbuch geschlossen vor die Brust. Einer um den andern aus der Gemeinde nähert sich ihm und küßt das Kreuz des Buches, dann die Schüler des Priesters unter dem Festgruße: Christ ist erstanden! und empfängt vom Priester einen Kuß auf das Angesicht mit der Antwort: Er ist wahrhaftig auferstanden! In gleicher Weise begrüßen und küssen sich alle Versammelten gegenseitig. Besuchende und Begegnende reden sich mit demselben Gruße und Gegengruße an und besiegeln ihn mit dem Bruderkusse. So beschreibt schon Leo Allatius die griechische Festsitte. Neuere bestätigen den Fortgang derselben sowohl in der russischen als in der eigentlich griechischen Kirche.

In beiden Kirchen aber, in der römischen wie in der griechischen, bezeugt die ganze Feier, daß der Ostertag der eigentliche *dies regalis* sei, *corona et caput omnium festivitatum, der magna dies dominica, der dies splendida et splendorifera.*

Welche Erweiterung aber die *elevatio Christi de sepulchro* in der römischen Kirche später empfing, wird die Behandlung der dramatischen Osterdichtung späterhin zeigen.

Wohl mochte der österliche Gottesdienst der alten Kirche mit seiner phantasiereichen Pracht die jugendliche Einbildungskraft der Germanen überwältigen; auch beugte man sich vor der lateinischen Sprache, als der heiligen, geheimnisvollen, zumal später immermehr die liebe Muttersprache daneben ihre Rechte geltend machte. Wohl erlebte man da den Sieg Christi mit und nach, aber der vom Christentum ergriffene mannhafte germanische Volksgeist verlangte doch darnach sein Helden- und Gefolgsherrn-Ideal, das er in Christo, dem König aller Könige, vollendet schaute, mit allen seinen einzelnen Zügen in volksmäßiger Weise darzustellen, und das geschah in ebenso schlicht kräftiger wie farbenreicher Weise im Epos.

4. Die Darstellung der Auferstehung und der Höllenfahrt im angelsächsischen Epos

Gerade das germanische Epos hat die Auferstehung des Herrn samt seiner siegreichen Höllenfahrt in einer Weise dargestellt, daß diese Darstellung, wie sie eine durch und durch hochpoetische ist, in ihrer national heimischen Weise zugleich als das schönste Zeugnis für die eigentümlich germanische Heilsaneignung erscheint, einer Heilsaneignung, welche durchweg auf volkstümlicher Anschauung von dem Leben des Herrn und dem seiner Gläubigen beruht, ein „keimender Protestantismus", der in Christo den in der Weltgeschichte offenbarten göttlichen Volksherrn und Heldenkönig schaut, welcher für sein Gefolge in den Tod geht, für sein Volk Sünde, Tod und Teufel überwindet. Gerade diese Anschauung von Christo als dem tapferen, mannesmutigen Helden und Könige und die von seinen Gläubigen als seinem tapfern Heergefolge gehört zu dem Eigentümlichsten, Heimatlichsten in der germanischen Anschauung vom Christentum. Die Griechen sahen in der Erscheinung des Herrn vorzugsweise den göttlichen Weisen, die Römer den göttlichen Weltregenten und Weltrichter, die Mönche des Mittelalters das göttliche Vorbild für Askese und Mystik, die Germanen den göttlichen Volks- und Heldenkönig, den Gefolgsherrn, der unzertrennlich ist von seinem Gefolge. Diese Auffassung ist ohne Zweifel die tiefere, weil sie sich mehr versenkt in das Wesentlichste des persönlichen Lebens des Herrn. Das tritt auch in der Darstellung der Ostergeschichte hervor. Überall sind es nicht sowohl die Lehren als vielmehr die Taten des Herrn, seine königlichen Taten, was sie zur persönlichen Hingabe an ihn, zum Glauben, brachte.

Manches in der demütigen Erscheinung des Herrn war wohl geeignet, ein Volk, dessen Ideal einmal der tapfere Held war, abzustoßen; aber sie überwanden diesen Anstoß. In dieser Hinsicht ist die Erzählung von Find sehr belehrend. Erst, als der dänische Bischof von den tapferen Werken des Herrn redete, wie der, welcher lebend alles über sich ergehen ließ, nach dem Tode „die Hölle selbst zerstörte" und den Thor fesselte, erhub sich Find zum Glauben an seine Liebe, an seinen Tod am Kreuze[29]. Wieder ein Zeugnis von der Bedeutung, welche gerade dieses Glied unseres Glaubens, der *descensus ad inferos*, die Höllenfahrt, für unsere Väter gewann[30].

Zunächst sind es die epischen Dichtungen des germanischen Stammes der Angelsachsen, welche alle Beachtung verdienen, und unter ihnen vor allen diejenigen, welche sich an den Namen Kädmons knüpfen, des ersten Sängers der christlich-germanischen Zeit († 683), dem Beda venerabilis ein ganzes Kapitel seiner Kirchengeschichte Alt-Englands (IV, 24) widmet. Um den Samen des Evangeliums in die empfänglichen Gemüter zu streuen und im Lande zu verbreiten, diente als wirksamstes Mittel neben der kirchlichen Predigt der schon durch seine stabreimende Form so energisch wirkende Volksgesang, der gerade in dem angelsächsischen und sächsischen Volksstamme neben seinem idealen und poetischen Gehalte noch eine besondere kirchen- und missionsgeschichtliche Bedeutung gewann. Er veranschaulicht uns alle die durch das Christentum nur noch vertieften edlen Grundzüge des angelsächsischen Volksstamms und zugleich die tiefgewurzelte

---

29 *Fornmanna sögur* II, 157.

30 Hammerich, Älteste christliche Epik. Gütersloh 1874, 252 fg.

Einheit aller germanischen Stämme. So werden die Kädmonischen Gesänge durch Missionare und anderen kirchlichen Verkehr auch früh nach Deutschland gelangt sein, wie denn die geistige Verwandtschaft des altsächsischen Heliand mit ihnen unverkennbar ist.

Wie in den heidnischen Drapas, den Heldenliedern des Nordens, so walten auch bei Kädmon jene bedeutsamen epischen Formen und Formeln, welche darauf Hinweisen, daß der Dichter nicht selbsterfundenen, sondern nur überlieferten Stoff darbieten will, wie z.B. die oft wiederkehrende Wendung: „So hab ich erfragt; so hört ich sagen; so melden weise Männer." Neben der heiligen Schrift scheinen u.a. Gregors des Großen sehr verbreitete Homilien, sowie für einzelne Partien das sog. *Evangelium Nicodemi* auf seine Vorstellungen eingewirkt zu haben[31]. So hat dies Ev. Nicod., auch die Darstellung der Höllenfahrt Christi beeinflußt. Die Wirkung seiner Dichtungen aber war so mächtig, daß kaum getaufte Angelsachsen schon seine christlichen Hochgesänge anstimmten, wie z.B. das „Traumgesicht vom Kreuz", in welchem das Kreuz selbst redend eingeführt wird: „Der Fürst der Menschheit Mich zu ersteigen Wie strebte er mutvoll. Nicht wider der Droste Wort Wagt ich, noch durft ich Mich beugen und bersten, Beim Erbeben der Erde die Feinde fällen. Blieb fest und stille. – Der Heldenjüngling, Der Herr, der Allmächtige, Die Richtstatt bestieg er Starkmütig und ernst Vor der Menge Augen, Er, der Menschheit Retter (*tha he wolde mancyn lysan*).

Unter ihm erbebt ich. Mich bücken aber Und auf sie stürzen, Stand mir nicht zu. Trug den König, den reichen In Kreuzes Gestalt, Ohne mich zu regen, Den Regenten des Himmels (*heofona hlaford*); Ward durchbohrt mit Nägeln. Die Narben hier siehe, Die schändlichen Beu-

---

31 Vgl. Michelsen über Kädmon in Herzogs Real-Enzyklopädie2 III, 56.

len – Und schweigend litt ich. Wir beide verspottet, Ich besprengt mit Blute, Aus Seiner Seite, Als die Seele Er hingab. – Gott Selbst, Der Höchste, Ans Kreuz genagelt In nächtigem Dunkel, Des Waltenden Leichnam, Mit Gewölk umhüllet. Der Sonne Schein In Schatten versenkt, In tiefes Schweigen, Als die Schöpfung beweinte Ihres Königs Tod.

Christ hing am Kreuze. Da kamen von fernher Zum Fürsten die Mannen. Ich schaute alles, Von heißem Weh Wund und gequälet. Ich beugte mit Macht mich Den Mannen zu Händen. Den machtvollen Gott hoben jetzt vom Holze Der Hilde Männer[32], Von dem blutbesprengten Den Speerdurchbohrten, Streckten hin im Frieden Ihn, Den Erstarrten, Den Himmelsherrn schauend, Wie Er schlief und ruhte, Von der Arbeit ermüdet.

Vor der Mörder Augen Gruben sie aus Glanzgestein Ein Grab Ihm zur Ruhstatt, Versenkten den Siegsherrn, Sangen Klagelieder Zur Abendstunde, Vom Ehrenfürsten, Voll Kummer heimkehrend: Ach, Keiner blieb bei Ihm."

So singt Kadmon vom Kreuze, dem Baum des Sieges und der Herrlichkeit, durch welches der Sänger heimgehen will zu der ewigen Stadt, dem ewigen Abendmahl in Gottes Reich. „Der König sei mein Freund, Er, der am Fluchholz gelitten für der Menschen Sünde und uns das Leben erworben hat."

In keinem aller alten Gesänge, sagt Hammerich[33], spiegelt sich deutlicher jene große Zeit des großen geistigen Kampfs und des Übergangs vom Heidentum zum Christentum. Christus ist der Männerheimat (*Mandhiems*) „junger Held", welcher mit den Merkmalen Baldurs gezeichnet wird. Sein Kreuz ist der Siegesbaum, seine Jünger sind der Hilda Mannen, die Degen des Herrn. Und dennoch gilt er

---

32 Hilda ist die Walkyrie, die Göttin des Kampfs.

33 A. a. O. 30.

in vollem Sinn als der Christus des Glaubens und der Kirche, als wahrer Gott und Mensch, zu dessen Verherrlichung auch alle aus der alten Götterlehre geschöpften Bilder und Farben dienen. Hier tritt zuerst jene göttliche Heldengestalt auf, das Bild des tapferen mannhaften Christ, wie die Germanen es liebten, das Bild, welches dann vollendet wird durch die Darstellung seiner Höllenfahrt und Auferstehung.

Alles aber atmet weltüberwindende Glaubensfreudigkeit, so daß man meinen könnte, einen begeisterten Jüngling zu hören, nicht aber einen Dichter, der diese Hochgesänge in hohem Alter anstimmte. Alles ist großartig in seiner Einfalt und ohne eine Spur von der Mönchszelle, ein treuer Ausdruck für den christlichen Sinn und Geist der Germanen, zugleich in einer Sprache, die auch der evangelische Christ wohl versteht.

In unverkennbarer Anlehnung an das erscheint die Darstellung der Höllenfahrt in dem Gesange „Christ und Satan" im sog. zweiten Buche Kädmons. Wie schon Ephraem, der Syrer († um 378)[34], eine Dichtung über die Höllenfahrt Christi verfaßte, in welcher die Teufel bei seiner Erscheinung heulen, während er „die Helden", namentlich Adam erweckt, nach welchem die Paradieses-Auen schon lange geseufzt, so werden wir auch hier von dem Sänger, ehe der Sieger erscheint, in die Tiefen der Hölle hinabgeführt und hören, wie „der Alte in der Hölle", das Oberhaupt des ganzen Stammes Lucifers, jammert und gegen Gott wütet.

Satan gedenkt seiner vormaligen Herrlichkeit im „Freundessaale", der so schön und glänzend war, und vergleicht damit seinen jetzigen Zustand im „Schlangenho-

---

34 Auch Ephraem hat durch seine Poesien seine Wirksamkeit als Lehrer und Prediger seines Volks kräftig unterstützt; er lebte und schrieb vorzugsweise für das Volk. Vgl. P. Zingerle, Äusgewählte Schriften des Kirchenvaters Ephraem aus dem Griech. und Syr. übersetzt. Kempten 1870 – 1876. 3 Bde.

fe". Jetzt Fluch und Wehqual, einst hoher Jubel vor dem Herrn im Himmel, wo da umstanden Helden den Hochsitz. Aber Satans eigne Diener, die Dämonen, verhöhnen ihr Oberhaupt: „Du lehrtest uns durch deine Lügenreden, daß wir dem Heiland (*hælende*) nicht gehorchen sollten. Du wähntest, selbst zu sein der heilige Gott: ein armer Schächer bist du nun, in Feuerbanden gebunden. Also verunglimpften ihren Obersten da die Frevelbeladenen. Christ hatte sie vertrieben und sie von der Lust des Lichtes geschieden. Schwarz wanderten die verschossenen Gespenster, die Schächer nun umher, die elenden Unholde in der unheilvollen Hölle für die Anmaßung, die sie ehe begingen. Abermals klagte der Feinde oberster: Ich war einst in dem Himmel ein heiliger Engel, doch begann ich da in meinem Geist zu denken, zu zerstören den Wonneglanz der Glorie und der Burgen Gewalt zu eigen zu haben, ich bin feind wider Gott. Es wohnen ewig Drachen am Eingang der Hölle, die uns nicht helfen mögen. Diese wehevolle Wohnung ist mit Wehqual gefüllt; wir haben keine Hüllestätte in dieses Nebelqualms Tiefen! Hier ist der Nattern Zischen, hier leuchtet kein Tag, kein Licht des Lebens. Gebeugt und elend in der Verbannung, soll ich keinen Jubel oben mit den Engeln haben, weil ich einstmals sprach, ich wäre selbst der Wart der Glorie, der Walter aller Wesen: das schlug mir wehvoll aus. Bald höre ich die jammervolle Schar ihr Schicksal beklagen, bald um nackte Männer winden sich Würmer. Dieser windreiche Saal ist mit Angstgraus gefüllt.

Dann klagten die vom Satan Verführten, des Jubels bar, der Glorie verlustig; durch Wehqual ermattet, beweinen sie ihr unheilvolles Leben, nun des Satans Hausgenossen, und gedenken des Himmels Herrlichkeit, die sie verließen. Dort bei dem Siegesfürsten ist schönes Heimatland. Rings um die Burgen leuchten die Bäume; hier sind grüne Höfe (*gearda*: Bauerngüter), hier steigt der grüne Pfad empor zu den Wohnungen der Engel[35].

Dort oben in der Schildburg mit den hellschimmernden Burgwällen und dem Königsstuhle, dort strahlen die seligen Seelen und vor allen Er, der Wächter der Engel. Ein Blütenduft umfließt die Auserwählten, welche von der Erde hinaufsteigen: das ist Gottes Wort, welches sie liebten, was so lieblich duftet. Dort sitzen die Seligen mit dem Sohne, dem Heiland, in Himmelsklarheit. Die Pforte ist golden, mit Gemmen geschmückt, lieblich umwunden für die Waller im Licht, die Gottes Reich, die Glorie erben. Die Märtyrer dienen dem Herrn; die Patriarchen Preisen ihn heilig, den König des Reichs.

Da auf einmal ergreift alle Kinder des Abgrunds ein gewaltiger Schreck. Ein einziger furchtbarer Donnerschlag trifft die Pforte; diese springt auf, während die Engel unter Lobgesängen (wie die Walkyrien) „herniedersausen." Ein wunderbarer Strahlenglanz, aus dessen Mitte des Heilands Haupt entgegenleuchtet, erfüllt plötzlich den Eingang. Der König, der Drost, hat seinen Kampf selbst ausgekämpft und seine Feinde überwunden. Sein Siegesglanz erhöht das Grauen. Wie Sturmgeheul geht es durch die dunkeln Tiefen, welche grenzenlos, Hunderttausende von Meilen sich erstrecken, erfüllt mit dem Weinen und Zähneknirschen, ganze zwölf Meilen weit dem Ohre der Verdammten vernehmlich. Die bisher gefangenen Geister, „die Kinder der Helden," Adams Geschlecht, sie jubeln dem Erlöser entgegen. Eva blickt hinein in jenen Strahlenglanz und kniet demütig vor dem Sieger. Da hebt sie an, von ihrer Sünde zu reden und sagt dann von jenem „Ritter (Degen) des Erlösers," welcher drei Nächte vorher (denn auch hier erfolgt die Höllenfahrt

---

35 Die Darstellung erinnert lebhaft an das Idafeld mit den Götterburgen in der deutschen Mythologie.

erst nach der Auferstehung) den Höllenbewohnern die baldige Ankunft desselben angekündigt hatte, nämlich dem bekehrten Schächer. Da hatten mitten im Graus der Hölle alle gefangenen Seelen sich auf den Arm gestützt, auf die Hände gelehnt und mit unaussprechlicher Freude gelauscht:

Als Christ das Tor der Hölle zerbrach und beugte, da ward Brustfreude den Menschen, als sie des Heilands Haupt erblickten. Doch in Angstgraus erbangte der Frevler Schar und klagte weithin durch den Windsaal: „Das ist der Held mit Gefolge, der Herr der Engel! Es scheint vor ihm ein schönerer Lichtglanz, als wir irgend vorher mit Augen sahen, außer da wir oben mit den Engeln waren. Er ist es selbst, der Sohn des Waltenden, der Engel König: er will auf von hinnen die Seelen nun geleiten und wir sollen nun ewig des Ingrimmwerkes Elend erdulden!"

Zur Hölle kam er da, um viele tausend der Heldenkinder fortzugeleiten, auf zum Erbsitz. Er ließ die auserwählten Seelen aufwärts fahren, das Adamsgeschlecht. Noch konnte Eva nicht schauen in den Wonneglanz, ehe sie die Worte sprach: „Ich habe einmal dich erzürnt, o ewiger König, da ich mit Adam einst den Apfel hinnahm durch den Neid der Natter, wie wir doch nimmer sollten. Der Unhold lehrte uns, der hier nun immerfort in Fesseln brennt, wir sollten Freudenglück erlangen. Da glaubten wir den Worten des verworfenen Geistes und nahmen mit den Händen von dem heiligen Baume die blinkendschöne Frucht: das ward bitter uns vergolten, da wir in diese heiße Hölle hin sollten wandern und sie bewohnen seitdem durch der Winter Unzahl. Nun flehe ich zu dir, du Fürst des Himmels, daß ich auf von hinnen mit meiner Magschaft möge fahren!"

Sie reichte mit den Händen zu dem Himmelskönig und fleht um Milde zu dem Schöpfer: „Du bist, o teurer Herr, von meiner Tochter ja geboren, den Menschen zur Hilfe an den Mittelkreis! Du selbst bist Gott, der ewige Urheber aller Kreaturen!"

Da ließ der ewige König aufwärts fahren die Schar zur Glorie: er hatte Schmerzqualbande gefestet an die Feinde und fürder schob er sie in den niederen Nebel notlich gebeuget, wo nun der schwarze Satan scheußlich dinget, der elende Unhold„ die Übeln mit ihm, von Leidqualen müde, die nie das Licht der Glorie wieder haben dürfen. Nicht dürfen Umkehr je sie hoffen.

Das war ja schön und lieblich, als die Scharen kamen auf zu dem Erbsitz und der Ewige mit ihnen, des Heldenvolkes Schöpfer zu der hehren Burg. Es hoben heilige Propheten mit den Händen Adams Geschlecht auf zu dem Erbsitz.

Es hatte der treue Herr den Tod selbst überwunden, den Feind zur Flucht getrieben, wie das in früheren Tagen sagten die Propheten. Er zerschlug und zerschellte der Hölle Zwang[36].

Ähnlich beschreibt das angelsächsische Gedicht, „die Höllenfahrt" genannt, die Freude der in der Osternacht (*eásterniht*) von Christo Erlösten. Das Gedicht wird dem Kynewulf zugeschrieben, der nach Kädmon, seinem Vorgänger, der bedeutendste der angelsächsischen christlichen Sänger war. Gleich diesem lebte er in Northumbrien und zwar ebenfalls in der Blütezeit der altenglischen Dichtung (650 – 820). Als Skalde zog er mit seiner Harfe von Hofe zu Hofe, wo er durch seine Heldenlieder (Drapas) sich goldene Ringe und Ketten reichlich erwarb. Erst später wurde er vom Evangelium tief ergriffen und dichtete den „Christ", eine Dichtung, in der wir gleichsam die Feierglocken zum Advent, zum Himmelsahrtsfest und zuletzt

---

[36] Vgl. Grein, Dichtungen der Angelsachsen I, 128 fg. Christ und Satan. Hammerich 64 – 67.

auch zum Gerichtstage läuten hören. Dann folgten noch verschiedene andere Dichtungen (Juliane, Elene, Guthlak, Andreas, Phönix). Von seiner „Höllenfahrt" ist uns leider nur ein Bruchstück erhalten. Hier ist es Johannes der Täufer, welcher den nahenden Erlöser verkündet.

Da sagte Johannes, der Held zu den Höllenträgern hochfrohlockend, mutig vor der Menge von seinem Magfreunde also:

„Verlassen hat der Fürst des Volkes das Feldgrab. Uns will heute selbst hier besuchen das Siegkind Gottes" (*sigebearn godes*). Zur Fahrt beeilte sich der Fürst der Menschen; es wollte der Himmel Helm (*heofona helm*) der Hölle Mauern zerbrechen und zerbeugen und die Burg entkleiden all ihrer starken Macht, der strengste aller Könige. Er wollte keine Helmträger zu dem harten Kampfe, noch auch Brünnekempen zu den Burgtoren führen auf der Fahrt. Es fielen die Riegel, die Klammern von der Burg: der König drang hinein, der Fürst aller Völker (*ealles folces fruma*), vorwärts eilend, der Weltvölker Gloriengeber (*veoruda vuldorgiefa*)

Die Wehmänner drangen, wer von ihnen das Siegeskind (sygebearn) sehen dürfte: Adam und Abraham, Isaak und Jakob, mancher mutreiche Held, Moses und David, Esaias und Sacharias, der Hochväter viele, wie auch der Helden Scharen, der Weissagenden Haufe und der Weiber Menge, viele Frauen, Volkes Unzahl.

Es sah Johannes das Siegkind Gottes mit hoher Glorie zur Hölle kommen: es erkannte der Jammermütige Gottes Fahrt; er sah der Hölle Tore hell erglänzen, die so geraume Zeit verriegelt standen, bedeckt mit Düster: der Degen war in Wonne. Da entbot alsbald der Burgbewohner erster mutig vor der Menge dem Magfreunde Gruß und Willkommen: Des sei dir hoher Dank, o Herr, daß du uns selbst hier besuchen wolltest, da wir hier in diesen Banden lange harrten. – Ich ertrug gar viel, seitdem du einstmals zu mir eintratest, da du mir schenktest Schwert und Brünne, Helm und Heerschmuck, was ich behielt bis jetzt, und da du mir verkündetest, du Krone der Edelscharen, daß du ein Befrieder meinen Freunden wärest. –

Von der Auferstehung selbst heißt es in Kädmons „Christ und Satan" (V. 517 fg.):

So stark war nicht der Stein gefestigt, ob er mit Eisen auch war all umfangen (*mid îrne eall ymbfangen*), daß er der Macht, der großen, mochte widerstehen: ausging da der Engel König (*engla drihten*) aus dem festen Grabe, und der Fürst hieß künden allglänzende Engel seinen elf Jüngern und hieß besonders sagen Simon Petro, daß er in Galiläa Gott dürfte schauen (*god sceavian*), den ewigen und starken, wie er ehe tat.

Drauf gingen, so erfuhr ich, seine Jünger alle nach Galiläa hin. Sogleich erkannten sie den Gottessohn, den heiligen, sobald sie sahen, wo der Sohn des Schöpfers stand, der ewigliche König, Gott in Galiläa! Die Jünger rannten alle dorthin, allwo der Ewige war, und fielen auf die Erde, ihm zu Füßen sie sich neigten und dankten ihrem Herrn, daß das so gekommen, daß sie den Schöpfer der Engel wieder schauen durften. Ohne Säumen sprach darauf Simon Petrus: „Bist du's, o Herr, mit Herrlichkeit geschmückt? Vor einer Weile haben wir dich doch gesehen, wie dir anlegten leidvolle Bande die Heiden mit ihren Händen: das mag sie hart gereuen, wenn sie das Ende einstmals werden schauen!" Andre wolltens noch nicht glauben, wie der teure, der Thomas war geheißen, bevor er den Heiland selbst mit seiner Hand berührte, des Fürsten Seite, aus der geflossen war sein Blut zur Erde, das Bad der Taufe.

Wie lieblich war's, daß unser lieber Freiherr (*freódrihten*), unser König Qualen duldete, als er am Baume aufstieg und sein Blut vergoß, Gott am Galgen!

Drum sollen stets wir danken dem teuren Herrn mit Taten und mit Worten, daß aus der Haftnot er uns heimgeleitet auf zu dem Erbsitz. –

Kynewulf beschreibt die Auferstehung Christi in seiner „Höllenfahrt" also:

Es begannen edel geborene Frauen mit Anbruch des Tages sich zu rüsten zum Gange. Recken wußten sie versammelt und des Edelinges Leib vom Erdhaus bedeckt. Es wollten die bekümmerten Weiber klagend trauern um den Tod des Edelinges eine Stunde und schluchzend weinen. Voll Schrecken war die Ruhstatt, hart war der Weg. Die Helden lagen am Berge, die mutigen Männer, die des Milden hüteten. Es kam mit Tagesanbruch die trauernde Maria und hieß noch eine Mannestochter mit sich gehen. Es suchten schmerzerfüllt die Zwei das Siegkind Gottes, den Einsamen im Erdhaus. Sie wähnten, daß er einsam in dem Berge bleiben sollte in der Osternacht (*eásterniht*): doch anders drauf wußten es die Weiber, als sie weggingen. Beim Anbruch des Tages kam eine Engelschar; der Engelhaufen Wonne umgab des Heilands Burg. Offen war das Erdhaus. Des Edelinges Leib empfing des Lebens Geist, die Felsen bebten. Der Held war erwacht mutig aus der Erde (*hago steald onvôc môdig from moldan*); der Machtstarke erstund siegfest (*sigefäst*).

Kynewulf stellt seinen Gegenstand allseitig und schön dar, doch ist uns sein Gedicht leider nur im Bruchstück erhalten. Er und besonders Kädmon werden durch ihre Dichtungen „Anstoß und Vorbild gegeben haben zu der herrlichsten Dichtung, deren die deutsche Litteratur sich erfreut und zugleich der einzig wahren Evangelienharmonie, die es überhaupt gibt, nämlich zum altsächsischen Heliand" (Michelsen). Zwischen Angelsachsen und Deutschen fand nicht allein nahe Stammesverwandtschaft, sondern auch reger Verkehr statt. Das Volk verlangte nicht nur nach der Predigt des Evangeliums im Sinne der römischen Kirche, sondern auch nach dem Gesänge von Christi Person und Werk, nach dichterischer Einkleidung der großen Taten Gottes in heimatliches Gewand. So wie bisher die Heldentaten der heidnischen Ahnen, oft auch der Zeitgenossen in „Drapas" besungen und dadurch zum Eigentum von jung und alt geworden waren, ebenso sang man in jener Morgenzeit des angelsächsischen, deutschen und nordischen Christentums von dem göttlichen Helden, welcher Sünde, Tod und Satan bezwungen hatte und eine bisher unbekannte Herrlichkeit über den Völkern des Nordens aufgehen ließ. Sowie der Skalde als der Mund des Volks, auf der Thinghöhe, in der Halle der Mächtigen, auf dem Wikingerzuge, bei der großen Opferversammlung sang, so erscholl die Stimme des von Ort zu Ort ziehenden christlichen Sängers, und zwar häufig desselben, jetzt aber bekehrten, zum Preise des wahren Gottes- und Mariensohnes. Kynewulf erwähnt besonders „Gesang und Harfenspiel" unter den Gaben, die der Erhöhte, gen Himmel gefahrene Menschensohn den Menschen schenke, und dasselbe bezeugt die öfter wiederkehrende Darstellung von der wunderbaren Erweckung heiliger Sänger. Der Liebling des Volks, der Skalde, oder Sangari, Liudari, bei den Angelsachsen Skop, war es, welcher das Evangelium in die Herzen des Volks hineinsang.

So ist gleich den Gesängen des Kädmon und Kynewulf auch das religiöse Epos des altsächsischen Heliand aus der innersten Tiefe des deutschen Volksbewußtseins entsprungen. Wie der Heliand in vorzüglichem Maße als echt volkstümliches Zeugnis der Empfänglichkeit des deutschen Volks, insonderheit des sächsischen Stammes für das Christentum dient, das hat uns neben Vilmar (in seiner Literaturgeschichte und den „Altertümern im Heliand") besonders Michelsen und der Däne Fr. Hammerich gezeigt. Dieser nennt den Heliand die Krone aller Dichtungen aus den Tagen der Erweckung des Germanentums.

5. Die Darstellung der Ostergeschichte im altsächsischen Heliand

Der liebe Leichnam ist in Leinen gewunden und ehrfürchtig – so war der Drost, der Volksfürst, es wert – zu Grabe getragen, wo sie die Stätte hatten in einem Steine, innen mit Händen gehauen. Da hatten Menschen noch keinen Freund begraben, wo sie das Gotteskind nach des Landes Weise, der Leiber heiligsten der Erde befahlen (*lico helgost foldu bitfulhun*) und mit einem Fels beschlossen aller Gräber herrlichstes.

Jammernd saßen die Frauen, die arm gewordenen, die das alles gesehen, des Guten grimmen Tod. Nun gingen von dannen die weinenden Weiber. Sie hatten erfahren Sorgen genug, großen Gemütskummer (*mikila muodkara*). Marien hießen die armen Frauen all. Da war der Abend gekommen, die Nacht mit Nebel.

Das Neidvolk der Juden ward am Morgen drauf in Menge versammelt, der Rune zu pflegen im Richthaus. „Ihr wißt, wie dies Reich durch den einen Mann in Aufruhr gebracht ward. Nun liegt er wundensiech, tiefbegraben. Vom Tode am dritten Tage verhieß er, sich zu erheben. Noch hängen zu viele des wahrhaften Volks an seinen Worten. Drum laß bewachen das Grab und acht geben, daß ihn seine Jünger nicht stehlen dort aus dem Steine und sagen dann, daß er erstanden, der Reiche aus der Rast, der Starke dem Steingrab. Dann wird dies Reckenvolk noch mehr verwirrt, wenn hier sie beginnen zu prahlen."

Drauf wurden dahin beschieden von der Schar der Juden Wehrmänner zur Wacht. Gewaffnet eilten sie zum

Grabe zu gehen, wo sie sollten des Gotteskindes Hülle hüten.

Der heilige Tag der Juden war vergangen; da saßen am Grabe die Wehrmänner auf der Wacht, in wolkenloser Nacht unterm Heerschild harrend, bis der herrliche Tag über den Mittelgarten den Mannen käme, den Leuten zum Licht.

Da währte es nicht lange, so kam der Geist durch Gottes Kraft, der heilige Odem unter den harten Stein in den Leichnam. Licht war da geöffnet den lebenden Leuten zum Heil und mancher Riegel gehoben von den Höllentoren und zum Himmel der Weg gewirkt von dieser Welt.

Im Glanze auferstand das Friedekind Gottes und fuhr den lichten Weg, wohin er wollte, doch die Wächter nichts merkten, die derben Leute, als er vom Tode erstand, sich aufrichtete von der Rast. Die Recken saßen außen ums Grab, die Judenleute, die Schar mit den Schilden.

Vorwärts schritt das leuchtende Licht, da walleten die Weiber zum Grabe zu gehen, die edlen Frauen, die minnigen Marien, sie hatten des Geldes viel gezahlt für die Salben, Silber und Gold gespendet für die wertvollsten Würzen, die sie gewinnen mochten, daß sie den Leichnam des lieben Herrn, des Sohnes Gottes salben möchten, den wundgerissenen (*wundun writan*).

Die Weiber sorgten in ihrer Seele gar sehr und eine fragte, wer ihnen den großen Stein vom Grabe wälzen sollte zur Seite, den sie über die Leiche gesehn die Leute legen, als der Leichnam ward dem Felsen befohlen.

Die Frauen waren kaum in den Garten gekommen, nach dem Grabe selber zu sehen, im Sause kam da des Allwaltenden Engel aus heiterm Himmel gefahren im Federkleide[37],

---

37 Der Engel im Federgewande (*an fetherhamon*), also mit dem Attribut der heidnisch germanischen Gotteserscheinungen, der Freyja, der Nornen. Vgl. Vilmar, Altert, im Hsl. IS. Grimm, Myth. 279. 398.

daß all das Feld erklang, die Erde dröhnte und die dreisten Knechte schwachmütig wurden; der Juden Scharwächter fielen hin aus Furcht und wähnten nicht länger am Leben zu bleiben.

Da lagen die Wächter, die Gesellen scheintot; sieh, da erhob sich sogleich der große Stein vom Grabe, wie ihn der Gottesengel zur Seite kehrte. Auf die Decke setzte sich der teure Gottesbote. An Gebärden war er und von Antlitz, wofern ihm einer konnte unter die Augen schauen, so strahlend und mild glänzend (*bereht endi blidi*) allwie des Wetterleuchtens Licht und sein Gewand am ähnlichsten dem winterkalten Schnee (*wintercaldon snewe gilicost*)[38].

Da sahen die Frauen den Engel vor sich sitzen auf dem gewendeten Steine. Sein wonniger Schein schuf ihnen Angst und Schrecken allen. Vor Furcht und Grausen wagten sie weiter nicht zum Grabe zu gehen, bis sie der Engel Gottes, des Waltenden Bote mit Worten grüßte und sagte, er wisse gar wohl, weswegen sie kämen, so Werk als Willen und der Weiber Sinn (*thero wibo hugi*); hieß, daß sie sich nicht entsetzten: Ich weiß, daß ihr euern Volksherrn suchet, den Nothelfer Christ von Nazarethburg, welchen hier quälten und ans Kreuz schlugen die Judenleute und in ein Grab legten den Sündelosen. Nun ist er Selber nicht hier, sondern er ist auferstanden schon: die Stätte ist leer, das Grab auf dem Grunde. Geht doch getrost näher hinzu; ich weiß, daß ihr verlanget zu sehen in diesen Stein hinein. Hier ist noch die Stätte sichtbar, wo sein Leichnam lag. Ermutigung empfingen in ihrer Brust alsbald die bleichen Frauen, die wunderschönen Weiber. Sie freuten sich, das Wort zu vernehmen, das ihnen von ihrem Herrn sagte der Engel des Allwaltenden. Der hieß sie nun eilends vom

---

38 Wer sieht nicht bei diesem Worte das Gefilde mit der leuchtenden tiefen Schneedecke des nordischen Winters überzogen! Vilmar, Altert, im Hêl. 27.

Grabe gehen zu den Jüngern Christs, seinen Gefährten zu sagen mit sichern Worten, daß ihr Drost war vom Tode erstanden, hieß auch insonderheit dem Simon Petrus die große Freudenbotschaft (*willspell mikil*) mit Worten zu künden von der Kunst des Herrn und daß Christ selber wäre in Galiläaland: da sollten ihn seine Jünger sehen, seine Gesinden, wie er selbst es verheißen mit wahren Worten.

Wie nun die Frauen wollten von dannen gehen, so standen ihnen gegenüber da zwei Engel in allweißen glänzenden Gewanden (*engilos tuena an alahuiton wanamon giwadion*) und. sprachen zu ihnen heiliglich. Das Herz ward geblödet den Frauen in Ängsten. Sie konnten die Engel Gottes vor blitzendem Glanze nicht anschauen, der Glanz war ihnen zu streng, der Schein zu hell.

Da huben an des Waltenden Boten die Weiber zu fragen, warum sie kämen, den lebenden Christ bei den Toten (*quican mid dodon*) zu suchen, den Fürsten des Lebens?

„Ihr findet ihn nicht hier in diesem Steingrabe, sondern erstanden ist er nun in seinem Leibe, daß ihr glauben sollet und gedenken der Worte, die er euch in Wahrheit oft selber sagte, als er in eurer Gefolgschaft (*an iuwon gisithe*) ging in Galiläaland: wie er gegeben werden sollte in der sündigen Menschen hassende Hände, der heilige Fürst, daß sie ihn quälten, ans Kreuz ihn schlügen, vom Leben lösten und daß er sollte durch Gottes Kraft am dritten Tage lebendig erstehn, dem bedrängten Volke zur Freude. Nun hat er das alles erfüllt, den Leuten geleistet.

Eilet nun fort, geht ohne Säumen und tut es kund seinen Jüngern. Er fuhr ihnen schon voran, ist fort von hier in Galiläaland, wo ihn seine Jünger Wiedersehen sollen, seine Gefolgsleute."

Die Frauen freute, die frohe Kunde zu hören, zu künden die Kraft Gottes. Doch waren sie noch beklommen, von Furcht befangen. Sie eilten nun, fort vom Grabe zu gehen und sagten den Jüngern Christi das seltsame Gesicht, wo sie sorgend harrten solches Trostes.

Zur Burg drauf gingen der Juden Wächter, die beim Grab lagen die lange Nacht, zu hüten der Hülle des Leichnams. Den Häuptern der Juden sagten sie von ihrem Schrecken, wie sie das seltsame Gesicht gesehen, und sagten genau, wie es gekommen sei durch des Herrn Kraft, und verschwiegen nichts.

Da boten ihnen Geschenke viel der Judenleute in Gold und Silber, zahlten ihnen manches Stück dafür, daß sie es nicht weiter sagten, der Menge nicht meldeten: „Sagt, als euch müde der Sinn entschwebte im Schlaf, da kamen seine Gefolgsleute und stahlen ihn aus dem Steine. Standhaft bleibt dabei und führt es durch mit Fleiß! Und wird es dem Volksfürsten (*folctogen*) kund, so helfen wir euch, daß er euch nicht Harm oder Leid antut!"

Da nahmen sie von den Leuten viele teure Geschenke; verschweigen mußten sie die Wahrheit hinfort und bewährten sich willig, vor den Leuten im Lande solche Lüge zu erheben über den heiligen Herrn.

Geheilt wieder ward das Herz der Jünger Christs, als sie hörten die guten Weiber melden die Macht Gottes. Da wurden sie froh im Gemüt und zum Grab liefen beide, Johannes und Petrus in großer Eile.

Zuerst kam an Johannes, der gute, und über dem Grabe stand er, bis daß gleich nachkam Simon Petrus, der kraftberühmte Kämpe (*erl ellanruof*) und rasch sich rüstete, ins Grab zu gehen. Da sah er des Gotteskindes, seines holden Herrn Hülle noch dort, das Linnen liegen, das Leichengewand, mit welchem zuvor der Leib war lieblich umfangen. Gesondert lag das Tuch, mit dem das Haupt war verhüllet dem heiligen Herrn, dem reichen Volksfürst, als er hier geruht. Da ging auch Johannes ins Grab hinein, so seltsame Dinge zu schauen. Erschlossen ward ihm sogleich der

Glaube, er wußte, daß ans Licht der Welt sein teurer Fürst vom Tode wieder erstanden sei, auf aus der Erde.

Da eilten wieder von dannen Johannes und Petrus und es kamen die Jünger Christs, die Gefolgsleute wieder zusammen.

Da stand voll Wehmut eine der Frauen zum andern Male weinend über dem Grabe mit jammerndem Herzen, Maria Magdalena, sie selber hatte ihren Sinn mit Sorgen geblendet; nicht wußte sie, wo sie suchen sollte den Herrn, der immer zur Hilfe bereit war. Sie konnte nicht der Wehklage wehren, es konnte das Weib das Weinen nicht lassen (*wop forlatan*), nicht wußte sie, wohin sie sich wenden sollte. Verstört war ihr darüber all ihr Sinnen. Da sah sie den mächtigen Christ da stehen, obwohl sie genau ihn erkennen nicht konnte, bis er selber sich kundmachen wollte und sagen, daß er es selber wäre. Er fragte, was sie so sehr beweine im Harme mit heißen Tränen? Sie sagte: „Ich weine um meinen Herrn, nicht weiß ich in Wahrheit, wo er geblieben. Kannst du mir ihn weisen, wenn ich dich fragen darf, hast du ihn hier aus dem Felsen genommen? So weis' ihn mir wieder: das wäre mir der Wünsche größter, wenn ich ihn wiedersähe."

Sie wußte nicht, daß der Sohn des Höchsten sie grüßte mit gütlichem Gruße; sie wähnte, daß es der Gärtner wäre, der Hofwart seines Herrn. Da grüßte sie der heilige Herr bei Namen, der Nothelfer bester.

Da ging sie näher hinzu, das werte Weib, erkannte den Waltenden selber, da vermochte sie vor Minne nicht mehr ihn zu meiden, wollte den Herrn betasten, den Fürsten der Völker, aber das Friedekind Gottes wehrt ihr mit Worten: „Wage mich nicht mit der Hand zu berühren! Noch stieg ich nicht auf zu dem himmlischen Vater. Eile nun geschwind und künde den Männern, den Brüdern mein, daß ich unsern Vater, euern und meinen, den Allwaltenden suchen wolle, den wahrfesten Gott."

Das Weib war da in Wonne, daß sie solchen Willen künden sollte und sagen, daß sie ihn gesund gesehen. Sie schickte sich an alsbald zu der Botschaft und brachte den Männern das willkommene Wort (*willspel*), daß sie den waltenden Christ gesund gesehen, und sagte, was er ihr selber gebot, mit zuverlässigen Zeichen. Doch wollten sie getrauen noch nicht des Weibes Worten, daß solches Wonnewort Gottes Sohn ihnen sende, sondern sie saßen jammermütig (*sia satum im iamormuoda*), die Helden, und harmvoll.

Dann offenbarte sich der heilige Christ zum andern Male, der treue Herr, seit er vom Tode erstand, den Weibern nach Wunsche, als er auf dem Weg ihnen begegnete. Er grüßte sie erkennbar (*quedda sia cutlico*), sie neigten sich zu seinen Knien, fielen ihm zu Füßen. Er sprach: „Berget nicht bangen Sinn in der Brust, sondern kündet ihnen mein Wort, daß sie mir Nachkommen nach Galiläaland, da will ich ihnen begegnen." – –

Die ganze Darstellung atmet biblische Einfalt in wohltuender Weise. Die Niederfahrt zur Hölle aber konnte der germanische Sänger schlechterdings nicht beiseite lassen. Auch in seinen Augen erschien sie wie in denen Kädmons und Kynewulfs als der große Tatbeweis der mannhaften Tapferkeit und Stärke des Herrn. Aber wie einfach und kurz ist die Darstellung derselben gegenüber der bei den angelsächsischen Dichtern, welche die Hölle so ausführlich darstellen, während der Heliand nur sagt:

Plötzlich wurden die Angeln gesprengt an der Pforte der Hölle und der Weg tat sich auf zum himmlischen Licht.

In der Darstellung der Auferstehung des „Siegesherrn" aber stoßen wir ebenfalls auf eine Fülle echt germanischer Züge, wie z.B. wenn der Engel tröstend spricht: „Ich weiß, ihr suchet euern Gefolgsherrn (*drohtin*), den heilbringenden Christ von der Nazarethburg. Wurde doch dem germanischen Gemüte gerade mittels des persönlichen Verhältnisses der Gefolgschaft das Verständnis der Heilslehre, der Lehre vom Glauben, seiner Gerechtigkeit und Seligkeit erst voll und zugleich so natürlich vermittelt, wie keinem andern Volke. Gerade das geschichtlich anerlebte Verhältnis der Gefolgschaft war die Grundlage zu der Stellung, die der germanische Charakter zum Evangelium einnahm. Die Dichtung, welche gegen den Schluß einige Lücken zeigt, endet mit der Himmelfahrt und der Wanderung der Jünger nach der Jerusalemburg. Durchweg und bis zu Ende wird der biblisch-evangelische Ton inne gehalten, ohne daß sich sagen- und legendenartiges Beiwerk fände. Im ganzen ist die Darstellung so rein, wie sie bei Kädmon ist, und von Lobpreisungen der Heiligen oder des Petrus, des Priesterstandes und der Askese findet sich, wie Hammerich mit Recht hervorhebt, keine Spur.

6. Die Darstellung der Auferstehung Christi im deutschen Kunstepos des Mittelalters

Schon weniger volksmäßig als das genannte Epos ist die deutsche Urstende, ein Gedicht aus dem Ende des 12. Jhdt., welches aus dem beliebten *Evangelium Nicodemi* floß und Konrad v. Heimesfurt zum Verfasser hat[39]. Dieser nennt sich nämlich im Akrostichon. Dies kunstmäßige Epos ist weit mehr eine Darstellung des Leidens Christi, als seiner Auferstehung, mit Strafpredigten und lateinischen Sätzen durchwebt, während die Erzählung selbst nicht ungeschickt ist. So berichten die Wächter bei den Hohenpriestern:

> Da die Engel kamen
> Und den Stein abnahmen,
> Da schien ein Licht faste,
> Das uns in die Augen glaste
> Und wir wie tot da lagen.
> Unser keiner durfte fragen
> Den Andern, was das wäre. –
> Nur arme Weiber suchten ihn
> Vor dem Tage, da war er hin.
> Sie fanden nichts als sein Gewand,
> Darein Joseph den Toten wand.
> Da gingen weinend sie von dannen.

---

39 Abgedruckt in Hahns Ged. des 12. Und 13. Jh. 103 – 128. Gewöhnlich gilt als Verf. Konrad von Fußesbrunnen, der Vers. der „Kindheit Jesu". Vgl. dagegen Wülcker in der Germania XV, 157.

> Darnach kamen zween Mannen,
> Die lugten auch in das Grab.
> Sie trugen weder Schwert noch Stab.
> Sie fanden auch nichts mehr
> Als was die Weiber fanden ehr.
> Die gingen auch die Straße
> Und weinten ohne Maße.
> Nach einer längeren Strafpredigt heißt es dann:
> Nu lassen wir das Strafen hie,
> Es ist genug; wir sagen, wie
> Die Wahrheit ausgebrochen da,
> Wie manches felge Auge sah,
> Daß Christ die wahre Menschheit trägt,
> Er, den man halt' ins Grab gelegt.

Aus dem 13. Jahrhundert haben wir ein Werk von dem Dichter, der auch das Leben der heiligen Elisabeth um 1297 verfaßte, die sog. „Erlösung", welche das Leben Jesu behandelt[40]. Der Verfasser, der sich nicht nennt, war nach der Sprache des Gedichts zu urteilen, ein Hesse und wohl ein Geistlicher, der indessen ebenso auf dem Gebiete der geistlichen wie der weltlichen Literatur sich heimisch zeigt. Sein Werk ist gleichsam die Mesfiade des Mittelalters. Seine Quellen sind die Bibel, die *historia scholastica*, des Petrus Comestor, das apokryphische Leben der Maria und gerade bei der Darstellung der Höllenfahrt wiederum das *Evangelium Nicodemi*.

Nachdem der Herr am Kreuze gestorben ist, erscheint Satan in der Hölle und spricht zu den Dämonen (V. 4980):

> Ihr habt alle wohl vernommen,
> Daß auf Erden war gekommen

---

[40] Herausgegeben von Bartsch. Quedlinburg 1888. Vgl. Germ.XV,357.

Ein Mann, der Wunder hat getan,
Er machte lahme Leute gahn,
Tote ließ er auferstehn,
Blinde Leute macht er sehn,
Den Stummen tat er aus den Mund,
Der Siechen macht er viel gesund,
Und andre Zeichen tat er viel.
Nun hört, was ich euch sagen will,
Verraten ward er und gefangen,
Geschlagen, an ein Holz gehangen,
Daran ist er gestorben.
Seht, das hab ich erworben.
Saget, kam er noch nicht her?
Die Teufel riefen „Wer denn, wer?"
Ja wer mag der Mann wohl sein,
Daß er hier noch nicht trat ein,
Daß er nicht hergekommen ist?
Es ist doch nicht der Herre Christ,
Von dem einst riefen die Propheten,
Er kam zur Hölle ungebeten?
Nun höret weiter, was geschah,
Welch Trost sollt in der Hölle da
Für Adam und die Seinen
Mit diesem Fürst erscheinen!
Unser Herr zur Hölle stieg
Und gewann da großen Sieg.
Er sprach: „Ihr Fürsten, laßt mich ein,
Daß den Meinen ich erschein.
Öffnet schnell mir euer Tor!"
Die Teufel riefen: Wer ist davor?
Da sprach der Heiland also gleich:
„Es ist ein Fürst, gar hoch und reich,
Der Ehrenkönig lobesam."
Die Teufel alle Wunder nahm,

Wer dieser Mann wohl wäre,
Dieser König aller Ehre?
Sie riefen alle: „Jara ja,
Wer ist der, wer stürmet da?" –
Immer neu ans Tor er stieß,
Es zu öffnen er sie hieß
Einem König hoch und hehr.
Die Teufel wundert es noch mehr,
Wer der Gewaltige mochte sein,
Der da wollt ins Tor hinein.
Und wieder riefen alle dann:
Jara ja, wer stürmt heran?
Wie ist der König nur genannt,
Der mit Gewalt kommt angerannt
Und stürmet unsre Tore hie?"
Also riefen, schrieen sie.
„Wer ist der König, der es wagt?"
Von ihm Herr David hat gesagt,
– es ist schon lange, lange –
In seinem Psaltersange:
„Tollite portas principes!"
So hat sich's nun erfüllt indes.
Gott niederbrach die Tore da.
Als das der gute Adam sah,
Sprach er: „Es kommt der Heiland,
Denn ich seh dieselbe Hand,
Die mich und alle Welt erschuf."
Da erhub sich ein Freudenruf
Und ein wunderbarer Glanz
Umstrahlte alle sie da ganz,
Als sie den Heiland sahen an.
Sein Pfleger Joseh sprach alsdann:
„Mein Trost, mein Gott, mein Heiland,
Dem ich einst so oft die Hand

Gereicht in seiner Kindheit,
Dem zu Dienst ich war bereit,
Mit ganzen säten Treuen,
Er will uns Heil erneuen,
Der Ehrenkönig reich und klar,
Dort kommt er wonnig, wunderbar."
Herr Simeon, der gute,
Sprach auch mit frohem Mute:
„Ich seh den König lobesam,
Den ich in meine Hände nahm
Und den ich auf den Altar trug.
Der Freud nun haben wir genug.
Hier kommet, der uns alle tröst't,
Er hat mit Treuen uns erlöst."
Mit Freuden David ihn besang,
Süß seine Harfe da erklang,
Er sprach: „Ich seh den Herrn,
Den wahren Morgenstern,
Der sein Geheimnis, seinen Rat
So oft mir einst verkündet hat."
Johannes auch, er der Baptist,
Sprach allda zur selben Frist:
„Ich seh ihn, den ich taufte,
Der teuer mich erkaufte
Mit seinem zarten Blute.
Dort kommt er her, der gute."
Und Moses sprach mit Freuden da,
Als er den hehren König sah:
„Heil mir, ich seh denselben Gott,
Der auf dem Berge sein Gebot
Mit seinen: Finger selber schrieb,
Bei dem ich einst so lange blieb."
Auch sprach mit Treuen Abraham:
„Ich seh den König lobesam,

Den Schöpfer und den Herren mein,
Der einst in Mambre kehrte ein."
Noah auch sprach da zur Stund:
„Ich sehe den göttlichen Mund,
Der mich die Arche machen hieß,
Mich in der Flut am Leben ließ."
Was Gottes Freund da waren,
Sah man da froh gebaren.
Wie freuten sich die armen Leute!
Mit ihnen sich der König freute.
Sie sahen ihren lieben Herrn.
Dieser helle Morgenstern
Schien mit Klarheit nun hinein
In die Finsternis und Pein,
Davon geweissagt hatte lange
Jesaias im Freudensange:
„Gentium vidit populus."
Er schrieb des Herren Ratschluß.
Dies Volk, das in der Finsternis
Lang wandelte, wird ganz gewiß
Ein großes, Helles Licht noch sehen:
Das Heil ist ihnen nun geschehen.
Der König David diesen Rat
Gar herrlich auch beschrieben hat.
Von ferne schaute er's gewiß:
„Exortum est in tenebris."
Ein Licht, so lauter und so klar
Hat geschienen offenbar
Den Gerechten in der Finsternis. –
Drauf hub sich ein wunderbarer Schall
Von denselben überall.
Sie freuten sich und waren froh,
Sie sangen allesamt also:
Du bist zu kommen nun bereit

„Du bist zu kommen nun bereit,
Den wir in Finsternis und Leid
Erwarteten so lange Frist,
Da du, gewaltiger Herr Christ,
Noch in dieser selben Nacht
In deiner Gotteskraft und Macht
Uns willst aus diesem Kerker lösen
Und zugleich uns lieblich trösten.
Uns hat mit inniger Begier,
Verlanget, Herre, sehr nach dir,
Daß du uns in den Peinen
Trostreich wollst erscheinen.
Dessen hast du uns gewehrt,
So wie wir es stets begehrt.
Das wurden heute wir gewahr." –
Hin fuhr der Altväter Schar
Mit dem Fürsten aus der Haft,
So ziemte es der Ritterschaft,
Mit dem König hehr und reich.
Er führte alle sie zugleich
Zu des Paradieses Auen,
Mit hoher Wonne anzuschauen.
Da sie dann lebten vierzig Tage
Sonder Weh und ohne Klage.
Als nun die andre Nacht erging,
Eh der Morgen Licht empfing
Und der Sabbath vergangen war,
Kam vom hohen Himmel klar
Ein so gewaltger Donnerschlag,
Daß die Ritterschaft erschrak,
Der das Grab befohlen war.
Es wurde bleich wie Wachs die Schar,
Sie fielen nieder von der Not
Gleich als wenn sie wären tot.

Die Erde beben da begann.
Jesus, der Gott gleiche Mann,
Er der wahrhaftige Heiland
Aus dem Grabe auferstand
An dem frühen Tage da.
Vernehmt, was Wunder noch geschah,
Wie ich mit Wahrheit sagen will.
Der toten Leiber viel
Mit Christo sie nun standen auf;
Sie gingen in die Stadt darauf,
Da sie mochten schauen
Männer so wie Frauen.
David, der König hoch und wert,
Hat des Tages schon begehrt,
Er gab davon genau Bericht.
„Terra tremuit" er spricht.
Das Erdgerüst erbebet ist,
Als auserstand der Herre Christ.
Ja, der werte Gottesmann
In seinem Psalter so begann,
Jubilierend laut allda:
„Surge, mea cithera."
Was soll damit bedeutet sein?
Er sagt: Steh auf, o Harfe mein,
Steh auf du mein Psalterium.
Das weist auf Jesum Christum.
Auf ihn hinweisend sprach er froh
„Exsurgam mane diluculo."
Des Morgens früh will ich erstehn.
Dabei sollt ihr in Wahrheit sehn,
Wie sich doch dasselbe Spiel
Unserm Herren gleichen will.
Die Harf und das Psalterium,
Sind ungespannet ohne Ruhm,

Sie bleiben ungeschlagen taub,
Vergleichbar ganz dem dünnen Laub,
Das nieder von dem Baume fällt.
Wer aber sie gespannet stellt
Und wieder sie und wieder schlägt,
Dem wird alsbald das Herz bewegt
Von der Macht des Sanges
Und des süßen Saitenklanges.
So ist der Herr auch, der Heiland
An das hohe Kreuz gespannt,
Verwundet und gar sehr geschlagen,
Das hat geduldig er getragen.
Da gewahrte man die Süßigkeit,
Die Gottes Freunden ist bereit.
Sogleich der süßen Harfe Sang
Hinab zur tiefen Hölle klang,
Ja in die Welt allüberall
Erklang der süßen Harfe Schall.
Also der Herr früh auferstand,
Bereitet hatten da zuhand
Alle drei Marien sich,
Die Jesum liebten inniglich,
Der ihnen auch im Tode wert.
Sie hatten alle drei begehrt,
Daß sie wollten salben
Den Leichnam allenthalben.
Sie gingen alle drei hinab
In der Frühe zu dem Grab.
Sie sprachen alle überein:
„Wer soll uns rücken diesen Stein?"
So sprach die minnigliche Schar.
Da nahmen sie in Treuen wahr,
Daß der Stein war abgerückt.
Als in der Nähe sie's erblickt,

Da erschraken sie gar sehr,
Denn ein Engel klar und hehr
In demselben Grabe saß.
Als sie näher traten baß,
Da sprach der Engel: „Saget mir,
Ihr Frauen drei, wen suchet ihr?
Warum ihr so erschrocken seid?"
Die Frauen sprachen zu der Zeit:
„Jesum Christ von Nazareth,
Nach ihm unser Suchen geht."
Das war der Frauen Antwort.
Der Engel aber sprach sofort:
„Ihr suchet ihn vergebens.
Er ist als Fürst des Lebens
Von dem Tod erstanden.
Nun schauet her zu Händen
Den Ort, wo er gelegen ist.
Dies ist die Leinwand, wie ihr wißt.
Nun geht und eilet hin sogleich
Zu seinen Jüngern, sag ich euch,
Und sagt es ihnen und Petro,
Daß sie endlich wieder froh
Alle werden nun mit Gott.
Erstanden ist ihr Herr vom Tod."
Maria Magdalena
Blieb jedoch alleine da.
Es hub sich von der Reinen
Ein minnigliches Weinen.
Ihr Heil und ihren Himmelstrost,
Der sie von Sünden hat erlöst,
Den hielt sie so hoch und wert,
Darum mit Treuen sie begehrt,
Daß ihr der Herre sollte
Erscheinen, ob er wollte.

Sie sah um sich unfern.
Da sah sie ihren Herrn,
Ganz nahe bei dem Heiland.
Eine Schaufel hatt er in der Hand
Als wenn er ein Gärtner wär,
Und wußt nicht, daß es war der Herr.
Er grüßte sie und sprach ihr zu:
„Was weinest und was suchest du?"
„Jesum ich such von Nazareth,
In dem mein Trost und Leben steht.
Hast du irgend ihn gesehn,
So weise mich, zu ihm zu gehn.
Solltst du ihn weggenommen haben,
So sprich, wo hast du ihn begraben?
Ich hätte gern zu diesen Stunden
Gesalbet meines Heilands Wunden."
Maria daraus er sie nannte:
Sofort sie ihren Herrn erkannte.
Ein hohe Freude sie umfloß,
Die sich in dieses Wort ergoß:
„Gegrüßet mußt du immer sein,
Mein Heil, mein Trost, o Herre mein!"
Drauf wollte sie ihn tasten an.
Er sprach: „Ein wenig tritt hintan,
Du darfst nicht berühren mich."
So sprach der Heiland, hüte dich!
„Doch meinen Jüngern sollst du's sagen,
Zu Petro schnell die Botschaft tragen.
Daß sie nach Galiläa kommen.
Sag ihnen, was du hast vernommen."
Was soll lange Rede hie?
Nach Galiläa kommen sie,
Da sehen sie den Heiland:
Jeder hat ihn klar erkannt,

> Außer Thomas, er allein,
> Wollte nimmer gläubig sein,
> Bis der Herr sich ihm erwies,
> Daß er alles Zweifeln ließ.
> Er sprach: „In meine Wunden greif!"
> Allda ward sein Glaube reif.

Das ist die Darstellung der Höllenfahrt und der Auferstehung Christi in der sog. , „Erlösung", jenem schönen Epos des 13. – 14. Jahrhunderts, welches wir „die Messiade des Mittelalters" nennen möchten und die vor der Klopstockschen jedenfalls die Einfachheit und Schlichtheit der Darstellung, sowie volksmäßige Einkleidung voraus hat. Noch im Sinne der altsächsischen Evangelienharmonie wird hier Christi Heldenkraft und hoher Kampfesmut besungen, mit welchem er nach seinem Kreuzestode in die Tiefe hinabfuhr und das Gefängnis gefangen führte. Dazu verleiht die Lebhaftigkeit der Darstellung unserer Dichtung ein fast dramatisches Gewand.

Wie dies Epos, obwohl Kunstepos, doch noch immer volksmäßig erklingt, so ist um ziemlich dieselbe Zeit auch ein skandinavisches Epos, ein Drapa, gesungen, die sog. „Lilie", eine Dichtung, welche das Leben des Herrn von seiner Geburt bis zu seinem Tode behandelt. Der Sänger ist der Isländer Oesten Asgrimson. Er singt, wie noch heute der Isländer, im klingenden Stabreim und mit einer Lebhaftigkeit dichterischer Anschauung, von der schon die folgende kleine Mitteilung[41] Zeugnis gibt:

| Ringsum erzittert | Der Zwinger der Hölle |
| Ein blendend Licht | Durchblitzt ihr Dunkel. |

---

41 Nach Hammerich a. a. O. 193. Aus Finni Johannei Hist. eccl. Islandiae II, 428.

Im wüsten Wirrsal
„O welche Not,
Durch der Hela Räume
Doch die heilgen Männer,
Sie muß der Freche
Ein Fürst, ein Gewaltger,
„Warum handelt's sich?" –
„Und wie geschieht's?" –
„Was ist im Werk?" –
Den Wundersieg
„Was giebt's da nun?"
„Wohin wallen sie?" –
„Ha! welche Helle?" –
„Für welche Seelen?" –
O Segenslicht!
Leben gewährst du,
O reiße mich
Und hilf mir mächtig,
Psalmen will ich,
Will ewiglich
Alle Kreatur
Und auf dich schaue,

Wehklagen die Feinde:
Wie nie sie gewesen!"
Rast der Schrecken.
In der Hast des Todes,
Nun frei entlassen.
Fesselt ihn selber! –
Ums Heil der Welt.
Die Schuld sühnte Jesus.
Es weichet der Feind!
Gewann uns der Höchste!
Gottes Freunde ziehen!
Zur Wonne von hinnen! –
Der Himmel offen!
Die sich wenden zum Kreuze.
Mein süßer Jesu,
Das wahre, uns Menschen.
Aus dem Rachen des Teufels,
Du mildester König
Singen ohn Ende,
Dein Antlitz schauen!
Dein Kreuz anbete,
O Schöpfer und König!

7. Christi Auferstehung in Klopstocks Messiade

Den Leichnam Jesu nahmen Joseph von Arimathia und Nikodemus vom Kreuz. Ihn trugen die Frommen nieder zum Grabe, das einsam Golgatha gegenüber unter alternden Bäumen in Felsen gehauen lag. Dann heißt es im 12. Gesange:

„Sie nahmen den heiligen Leichnam,
Senkten ihn sanft hinab in die Tiefe des Grabes
und wandten
Ost von dem liegenden Toten weg ihr weinendes Auge,
Bis sie zuletzt den Felsen mit müdem Arm aufhuben,
Seine dumpfe Last in des Grabes Öffnung sinken
Ließen und Nacht ausbreiten über den Leichnam
des Mittlers."

Als die Grabesnacht den Toten umfängt, da ertönen von fernher schon Chöre der entschlafenen Gläubigen.

„Sie sahn in des Grabes Nacht die Morgenröte der Auferstehung schon dämmern.
Stille verbreitete sich um das Grab. Die Engel verließen's
Und die Menschen. Es schwieg der Harfen Stimm
und der Tränen,
Mittler Gottes, um dich, der endlich am blutigen Altar
Ruhe fand, entrissen dem Leiden des Opfertodes."

In die trauerstumme Versammlung der Jünger und Jüngerinnen Christi im Hause Johannis, wo auch die Mutter Jesu weilt, bringt Nikodemus schmerzerfüllt die blutige Krone, die Dornenkrone, bei deren Anblick „der Mutter lautes Rufen durchdrang der felsenstarren Versammlung Mark und Gebein". Dann deckt sie Maria mit ihrem Schleier. Bald darauf kommt Lazarus ins Haus, wo die Heiligen weinen.

„Lazarus kam ein sanftes Geräusch des Weinens
entgegen
Durch den dämmernden Saal. Ihm rannen die Tränen
des Mitleids.
Was deckt des Toten Krone der Schleier?
Laßt mich, ich will sie sehn in ihrem Blute! Der Engel
Kronen leuchten, ich kenn' ihr fernes Schimmern;
des Toten
Blut ge Krön ist mir viel mehr.
Erhebe dein Antlitz aus dieses Jammers Abgrund,
Mutter des göttlichen Mannes, und höre:
Denn noch weißt du nicht ganz, wie der in dem Himmel von ihm zeugt. Sieh, in des Tempels Vorhof
flammte das Abendopfer.
Priester knieten im Tempel, Dankten dem Rächer, daß
nun an dem Kreuze der Leidende blute; Wagten's, bei
diesem Dank ihr glühendes Auge zu wenden
Nach dem Allerheiligsten. Da, da rächte der Rächer!
Denn von dem hohen Gewölbe bis hin
zu dem liegenden Saume
Riß des Allerheiligsten Vorhang. Schrecken des Todes
Stürzten die Betenden tiefer und spät erst konnten sie
fliehen.
O des Trostes vom Himmel, daß der des Toten
gedenket,
Der, da am Kreuz er starb, in Nacht die Erde verhüllte,
Beben hieß die Felsen, und Sterblicher Augen
die Stätte

Austat seiner Herrlichkeit. Die Hörenden schwiegen
Voll Erstaunens; allein nur wenig lindernde
Tröstung Drang den Duldern ins Herz. Sie waren zu
tief verwundet." –

Indessen ruft ein Seraph den andern Engeln und den Erzvätern zu: „Kommt zu dem Grabe!" Und so eilen die Engel und die Väter herab und umringen im langen Triumphe das Grab des Herrn.

„Jetzo hörten die Väter und Seraphim fern in den
Himmeln
Aus den Sonnenwegen herab ein Wetter Jehovahs
Kommen. Die Harmonien der wandelnden Welten
verstummten,
Wenn der Donner, ein neues Erstaunen
ihren Bewohnern,
Redete. Denn schon war zu dem tiefen Tabor
des Vaters
Herrlichkeit niedergestiegen; sie Huben freudig
ihr Haupt auf,
Hörten hinauf in die Himmel der Himmel. Es nahte
sich eilend,
Schnell wie Gedanken. Sie hörten es nun in der
Ruhstatt Gottes
Schweben und, wie von Bergen zu Bergen, wieder von
Sternen zu
Hallen zu Sternen. Es nahte der Erde. Mit glühender
Stirne, Sternen
Schimmerndem Aug. entzückt von jeder Wonne des
Himmels
Strahlt Eloa hinab in der Auferstandenen Versammlung,
Rief: „Die Stund ist gekommen, der Herrlichkeit Stund
ist gekommen!

Mit der Morgendämmerung wird der Versöhner der
Sünde
Seinen Leichnam erwecken! Ihr hört den Göttlichen
wandeln!
Und er schwebt' hinunter zum Grabe. Das mächtige
Wetter,
In den Himmeln ein Zeuge des Ewiglebenden, mildert
Jetzo seine Gewalt, daß die Erde vor ihm
nicht entfliehe.
Seine Donner hielt es zurück; Sturmwinde nur
rauschten.
Daß vor ihnen vom Libanon an sich die Wälder Judäas
Gegen das Grab hin beugten. Die Erde ward nur
erschüttert,
Daß von des Seir Gebirg der Phasga, der Arnon,
der Hermon
Bis zu den obersten Wipfeln und Wolken
des Libanon bebten
Und der wankendströmende Jordan hinauf bis zur
Quelle
Und Amana. Allein noch bebte das Grab nicht. Der
Fels lag
Unbewegt, wie er hingewälzt vor das offene Grab war.
Gabriel sah mit Entzückung hinab auf
den liegenden Felsen,
Denn: „Du wälzest ihn weg!" war ihm von
dem Toten verheißen.
Aber die Himmlischen, sie, die lauter die Ström'
und das Weltmeer
Rauschen hörten, die Wälder erschallen, lauter die Berge
Beben, als sie ein menschliches Ohr zu hören
vermochte,
Freudig sanken aufs Antlitz die Cherubim
und die Erstandnen

Vor der gegenwärtigen Gottheit des Sündeversühners.
Adam betete laut, wie im Jubelgesang. So erschallen
Mit der wandelnden Welten Getön
die Posaunen der Engel,
Wenn sie die großen Taten des Allerheiligsten feiern.
Der Engel am Grabe des Toten
Stieg in den Wolken hinauf der Herrlichkeit Christus
entgegen.
Wie es den Tausendmaltausend der Toten Gottes einst
sein wird:
Sie werden vor Wonne Freudig erschrecken, aus ihrem
erhobenen dankenden Auge
Tränen der Seligkeit stürzen, und ihres Jubels
Triumphlied
Wird mit jener Posaune, der Totenerweckerin, streiten,
Streiten und überwinden – wie dann es wird der
Gerechten Tausendmaltausenden sein: so war es der
kleineren Schar jetzt,
Die an dem Grabe des Herrn vor Hoffen
und vor Erwarten
Dessen, das kommen sollte, verschmachtet war,
da die Wolken
Rissen, da Gabriel dort, eine Flamme Gottes, herabfuhr,
Da er von Bethlehem über die Schädelstätte zum
Grabe
Flog, da von Ephratas Hütte bis hin zu dem Kreuze,
vom Kreuze
Bis hinunter ins Grab die Erde bebte, da Satan
Wie ein Gebirge dahin, des Leichnams Hüter
wie Hügel
Stürzten, da weg von dem Grabe den Fels
der Unsterbliche wälzte,
Da sich mit Freuden Gottes Jehovah freute, da Jesus
Auferstand.

Stille war erst am verlassenen Grabe. Nicht lange, so wurde
Deiner Begnadeten Kreis vor Seligkeit Heller und jauchzte,
Wie die Morgensterne, die Erstgebornen der Schöpfung.
Denn sie sahen den Sohn, nach seinen Todeskämpfen,
Auferstanden; nicht mehr, wie am Kreuz, mit sinkendem Haupte,
Herrlich schwebtest du über dem Felsen des offenen Grabes,
Göttlich, unaussprechlich umstrahlt mit Siege,
mit Siege, Halleluja, mit Siege, des ewigen Todes Triumphe,
Du, der mächtig ist, du, des Name heilig ist, dem sich
Aller Knie einst beugen, im Himmel aller, auf Erden
Aller und unter der Erde, den Ephrata Bethlem geboren,
Den Gethsemane, den die Schädelstätte getötet,
Den uns wiedergegeben das Grab hat!
Neige dich, Tiefe,
Vor dem Sieger, und hebe vor ihm, o Höhe, die Händ aus!
Hebt, Erzengel, die Harfen vor ihm, ihr Erste der Thronen,
In die Himmel der Himmel empor, und, Stimmen der Menschen,
Meine schwache mit euch, daß er lebet, empor."

Der Dichter läßt nun Engel und Auferstandene jauchzen; die Märtyrer des Alten Testaments, die sieben Söhne der Thirza (II. Makkab. 7) singen dem Auferstandenen ein Triumphlied. Andere Heilige begrüßen ihn, zuletzt auch Abraham und Adam. Das Triumphlied lautet:

„Mache dich auf und jauchze: du wurdest, Erde, gewürdigt,
Jesus Christus Gebein in deine geöffnete Tiefen,
Als in Mutterarme zu fassen! Nun ist er erstanden
Hoch von dem zitternden Staube, der Erstgeborne der Toten.
Mit den Bergen erbebte das Kreuz und die Zinnen, des Tempels.
Mach in deiner Schöne dich auf, o Erde: dein Licht kommt,
Und die Herrlichkeit Christi, du Erstgeborne der Schöpfung,
Gehet über dir auf.
Jauchzet, Hügel der Toten, vor allen Hügeln der Erde!
Freuet euch, Gräber, vor Gottes Gebirgen! Die Schlummernden liegen Unter euch, daß sie erwachen.
Du hebst dann, Erde, den letzten
Aller Tage dich aus dem Staube des Weltgerichts auf,
Durch des Sohns Allmacht, den deine Tiefen bedeckten,
Deine nun offenen Tiefen, zur neuen Erde geschaffen.
Dann wird die Sonne nicht Herrscherin mehr, noch der Mond dein
Gefährt sein;
Dir, die Gerechte bewohnen, wird Gottes Herrlichkeit leuchten,
Und dein Licht sein Er, des Blut auf Golgatha träufte."

Nach diesem Lobgesang schweben die Zeugen zu Thabor hinüber. Die römische Wache am Grabe berichtet ihrem Hauptmann Cneus, demselben, der unter dem Kreuze bekannte: „Wahrlich, dieser ist ein frommer Mann gewesen und Gottes Sohn," was geschehen war, wie die Erde erbebte und der Sturm wirbelte, wie der Stein abgewälzt sei. Cneus geht dann ins Grab und sieht es leer. Er schickt Boten zu den Hohenpriestern mit der Kunde. Der eine, Philo, erhebt bei der Nachricht ein fürchterliches Gelächter, dann schwieg er, gleich den andern bleich wie der Tod.

„Doch Kaiphas hatte sich endlich
Wieder ermannt Schnell ließ er die Altesten rufen.
Die kamen,
Eilten geflügelt herzu. Auch kamen noch andere Hüter.
Und sie traten herein.
Wir sehn's, ihr habt es vernommen.
Dank den Göttern, wir leben! Warum erkühnet
Ihr euch, Priester, den Sohn des Donnergottes
zu töten?
Siehe, sein Grab ist leer. Kaum sind
wir lebend entronnen.
Aber der Hohepriester erhub sich und
sprach zu der Wache:
Römer, gehet hinab zu den Meinen und wärmt euch
am Feuer.
War auch euer Hauptmann bei euch? Er war's,
und er stürzte
Nieder mit uns und sähe, wie wir, das
geöffnete Grabmal.
Und er führte sie weg und gebot den Seinen, mit Speise
Diese Männer zu laben und mit der Stärkung
der Traube."

Indessen kommt Cneus, der Hauptmann, und bezeugt mit unerschrocknem Bekenntnisse den Sieg Christi. Da reißt Philo ihm das Schwert von der Seite und stößt es sich wütend ins Herz, wälzte sich in seinem Blute und rief sterbend nur noch das Wort: Ha, Nazaräer!

Der vierzehnte Gesang schildert uns dann die heiligen Weiber, wie sie sich aufmachen, des Herrn Leichnam zu salben. Sie schwiegen und gingen und der Morgen atmete kalt. Nur die eine Frage bekümmert sie: Wer wälzt uns den Stein von dem Grabe?

„Und die Bewohnerin Magdalas kam, sah offen das Grabmal,
Weggewälzet den Fels, floh, rief's den andern entgegen,
Eilte zurück nach Jerusalem. Aber die Kommenden ließen
Sich nicht schrecken und gingen heran. Da erblickten sie schleunig
Auf dem Felsen, der weggewälzt an der Öffnung des Grabs lag,
Einen Jüngling, der schimmerte. Seine Gestalt war dem Blitze Gleich, dem Schnee das Gewand. Er sprach mit der Stimme der
Fürchtet euch nicht: Ich weiß, daß ihr den Gekreuzigten suchet, Wonne: Jesus. Er ist nicht hier. Er ist von den Toten erstanden,
Wie er verkündiget hat. Kommt her und sehet die Stätte,
Wo der Göttliche ruhte. Da führet er sie in das Grabmal.
Gehet eilend nun hin und sagts den Jüngern und sagt es Kephas: Auferstanden sei er von den Toten. Und, siehe,
Jesus gehet hinab nach Galiläa. Da werdet
Ihr ihn sehn. Nun eilt und verkündet's den Zwölfen! Sie blieben
Unentschlossen und zitterten säumend.
Im Strahlengewande
Traten noch zween der Engel herein. Sie erschraken und schlugen

Nieder zur Erd ihr Angesicht. Was suchet ihr, sprachen
Diese Männer, unter den Toten den Lebenden?
Hier ist
Jesus nicht. Erstanden ist er. Gedenkt, was er sagte,
Als er in Galiläa noch war. In die Hände der Sünder
Muß der Sohn der Menschen gegeben werden,
gekreuzigt
Muß er werden, erwachen am dritten Tage vom Tode.
Jetzo eileten sie mit Beben und inniger Freude,
Liefen, es nun den Jüngern des Herrn zu verkündigen.
Petrus
Und Johannes kamen indes mit Magdala wieder.
Johannes, dem Grabe schon nah,
gelegt erblickt er die Leinen;
Aber er ging, voll unentschlossenen Kummers
und Ehrfurcht,
Nicht hinein. Nun kam auch atemlos Petrus und eilte,
Sowie er kam, in das Grab. Er sähe das Tuch,
so des Toten
Haupt umwand, besonders gelegt
und nicht bei den Leinen,
Fand es zusammengewickelt.
Ihm folgte Johannes ins Grabmal,
Sah es und überzeugte sich ganz
von Magdalas Botschaft.
Aber davon, daß, nach der Propheten Gesichte,
der Mittler
Aufstehn müsse, wußten sie nichts.
Sie verließen das Grabmal
Und Maria. –
Magdala stand vor dem Grab und blickt
und wischte die Tränen
Schnell mit Heftigkeit weg, um zu sehen, sie blickt
und starrte

Ängstlich hinunter ins Grab. Zwar waren Engel
im Grabe
Und erschienen ihr; doch kaum sah sie die Engel.
Denn Jesus
Sah sie nicht, nicht Jesus. So sucht
mit lechzender Zunge
Nur die Quelle das schreiende Reh; die Sonne, die
aufgeht,
Sieht es nicht, es fühlt nicht die wehenden
Schatten des Waldes.
Weib, was weinest du? sprachen zu ihr
die Boten der Wonne.
Ach, sie haben genommen, den meine Seele liebt,
Und ich weiß nicht, wohin sie ihn legten?
So sprach sie und wandte
Sich von dem Grabe. Da siehet sie Jesum stehen
und weiß nicht,
Daß es Jesus ist. Was weinest du, Weib, wen suchst du?
Und sie erwidert dem Gärtner
(sie meinte, sie sehe den Gärtner):
Hast du ihn weggenommen;
wohin hast du ihn getragen?
Aber, wie Harfen am Thron, wie Jubel der Überwinder,
Inniger, herzlicher, liebevoller erscholl des Erstandnen
Jesus Stimme der Weinenden, Jesus Stimme: Maria!
Aber sie stammelt' und atmete kaum
und blickte den Herrn an,
Weint und stammelte nur mit leisem Staunen: Rabbuni!
Und sie hielt mit wankender Hand
des Göttlichen Füße.
Liebend und ganz Barmherzigkeit sah sie der Herr an
und sagte:
Halt mich nicht also! Noch bleib ich bei euch. Du
siehst mich noch

Und noch hab ich mich nicht
zu meinem Vater erhoben. [wieder],
Geh zu unseren Brüdern und sage ihnen: die Stunde
Meiner Herrlichkeit naht. Ich gehe zu meinem Vater
Und zu euerm Vater, zu meinem Gott und zu euerm!
Jesus verschwand, und sie ging mit der Botschaft
der Wonne belastet.
Salome naht sich mit ihren Begleiterinnen dem Tore.
Aber, der Maria verschwand, begegnet den andern
In der duftenden Kühle des werdenden rötlichen Tages
Mit der Sonne, die kam
und Gottes Herrlichkeit strahlte.
Und Er war es gleich selbst. Sie erkannten ihn alle,
der nun nicht
Unter den Toten mehr war. Seid mir gegrüßet! So sagte
Jesus Christus. Sie sanken vor ihm mit Beben zur Erde,
Hielten ihm seine Füße. Seid nicht erschrocken
und gehet
Und verkündigt es meinen Brüdern. Nach Galiläa
Sollen sie gehn. Dort sehen sie mich. Er verschwand
mit den Worten.

Schon diese sehr gekürzte und von manchen ungeheuern, den christlichen Sinn oft verletzenden Phantasmen befreite Darstellung zeigt, wie dem Klopstockschen Epos bei aller Tiefe des Gefühls und oft geistgewaltiger Sprache doch die feste epische Sicherheit und Ruhe fehlt, wie sie dem Heliand in so hohem Grade eigen ist. Wie oft tritt die Dichtung fast ganz aus dem Kreise des Epos heraus in den der Schilderung hinab. Rednerische und lyrische Ergüsse unterbrechen die Handlung und ermüden nicht selten, abgesehen von einer mitunter „bewußten, künstlichen, fast peinlich herbeigenötigten Begeisterung" statt eines unbewußt wirkenden, naiv poetischen Schöpfertriebes, wie sie uns im Epos des Mittelalters entgegentrat und sofort wieder im Drama dieser Zeit sich offenbart.

8. Ostern im Drama des Mittelalters

Es ist schon oben bei Behandlung der kirchlichen Ostersitten S. 35 fg. gezeigt worden, welch stark dramatisches Gepräge die kirchliche Osterfeier hatte. Der Schritt bis zur förmlichen mimischen Darstellung der Auferstehungsgeschichte war nur ein kleiner. Fast wie von selbst und unmerklich gingen sie aus dem Gottesdienste hervor und erschienen ursprünglich als ein wesentlicher Teil desselben, indem man von der Überzeugung ausging, daß dem einfachen Volksgemüte dadurch die Festgeschichte näher gebracht und verständlicher gemacht würde als durch Predigt und Katechese, Gesang und Schriftverlesung. Die Osterfeier wurde in sehr früher Zeit schon in vielen Kirchen des fränkischen Reichs in einer Weise durch Gebärdensprache und Gesang verherrlicht, die uns den allmählichen Übergang des Festgottesdienstes zum Osterspiel recht anschaulich macht. Schon die liturgisch-dramatische Elevatio Christi de sepulchro, wie sie oben S. 49 erwähnt ist, war eigentlich ein geistliches Osterspiel. Am Karfreitag wurde nach einem Bericht aus St. Gallen ein Bild des gestorbenen Heilands, in ein weißes Leintuch gewickelt, ins heilige Grab in der Kirche gelegt. In der Osternacht gingen dann zwei oder drei Priester oder Diakonen mit der weißen Kappe und einem Humeral über dem Haupte, also eigentlich wie Frauen bekleidet, und ein Weihrauchfaß in der Hand zur Grabstätte hin; sie stellten die zum Grabe gehenden Marien dar und sangen jene Antiphone: Wer wälzet uns den Stein ab? Zwei andre Geistliche antworten singend: Wen suchet ihr im Grab, o Christinnen? Die ersteren erwidern:

Jesum den Gekreuzigten, ihr Himmelsboten. Die Engel antworten: Er ist nicht hier, er ist auferstanden, wie er es im voraus sagte. Gehet hin und verkündet, daß er auferstanden ist. Halleluja. Kommt, sehet den Ort, da der Herr hingelegt ist. Halleluja. Halleluja. Jene sehen dann ins leere Grab und wenden sich hierauf wieder weg, indem sie das Leintuch mitnehmen und singen: Nun mögen die Juden fragen, auf welche Weise die Soldaten, die das Grab bewachten, den König verloren. Warum bewahrten sie den Fels der Gerechtigkeit nicht? Mögen sie entweder den Begrabenen zurückgeben, oder mit uns den Auferstandenen anbeten und sprechen Halleluja. Dann wenden sie sich zu den, die Jünger Petrus und Johannes darstellenden Priestern und sagen: Wir kamen weinend zum Monument und sahen einen Engel des Herrn, der da saß und sprach, daß Christus auferstanden sei. Darauf erschien am Altar ein Priester in roter Kasula, der die Auferstehungsfahne in der Hand, den Erlöser vorstellt, der sich den Frauen zu erkennen gibt. Das Ganze schloß dann mit jubelnden Ostergesängen.

Solchem liturgischen Untergründe noch ganz nahe liegend, kurz und einfach sind einige in lateinischer Sprache verfaßte Spiele in *Resurrectione Domini* aus dem 12. Jahrhundert. Den lateinischen Dramen fügte man später am Schlusse wohl auch ein deutsches Lied an, meist jenes einfach gewaltige „Christ ist erstanden", die alte österliche Matutin, die uns im *Psaltes ecclesiasticus* (1550) überliefert ist mit den Worten: „Hie jubilieret die ganze Kirche mit hoher schallender Stimme und unsäglicher Freude."

Erst allmählich entschloß man sich, auch innerhalb der Spiele einzelne Gesangstellen zu verdeutschen und den Laien hilfreich entgegenzukommen, bis endlich im 14. Jahrhundert das ganze Osterspiel in deutscher Sprache verfaßt wurde, doch so, daß die kirchliche Liturgie immer noch die Grundlage blieb. Geistliche, Predigermönche und ihre Schüler, taugliche Laien des Orts pflegten sich zu Gedicht und Aufführung zu vereinigen. Es war oft eine große Menge Spieler, die aber nicht um Geld spielten.

Die Worte der heiligen Schrift und die der Liturgie wirkten wie Schlagworte auf den Gedankengang des Volks, welches eben die allbekannten und allgenannten Personen der Bibel, welche von den Kirchenwänden auf die Gläubigen niederschauten, auch einmal lebendig dargestellt sehen wollte und welches ganz richtig erkannte, daß gerade auf dem religiös-biblischen Gebiete die höchste Kunstweihe liege, was die Bedeutung dieser geistlichen Dramen auch für die Kirche nur erhöhen, keineswegs beeinträchtigen kann. Klerus und Volk suchten auf Grund der kirchlichen Liturgie immer neuen Raum zu scharfer Charakteristik und erweiterter Darstellung zu gewinnen. So lange diese Stücke in den Händen des Klerus waren, konnte die Rollenverteilung nur an Männer geschehen, wie denn auch in den von Momerque herausgegebenen altfranzösischen Mysteres bei der Osterfeier ausdrücklich erwähnt wird: „Zuerst sollen drei Brüder auftreten, ausgerüstet und angetan wie die drei Marien." Später löste sich das Schauspiel vom Klerus und ging in die Hände von Bauern und Bürgern über: fahrenden Leuten hat man es nie überlassen. Doch blieben die Andeutungen über Kostüme und Handlung lateinisch; die wichtigsten Bibelstellen wurden erst lateinisch gesungen und dann in deutschen Reimen vorgetragen. Die Scenerie war auch außerhalb der Kirche höchst einfach, die Bühne in große Abteilungen geschieden; die zusammengehörigen Personen traten miteinander auf, besetzten die ihnen bestimmten Plätze, spielten wie die Reihe an jeden kam, und blieben bis zum Schlusse des Stücks auf den Brettern. Eine eigene Stelle war dem Engelchor zugewiesen, der an bestimmten Abschnitten Silete! sang, damit Ruhe und Sammlung gebot und so die Aufmerksamkeit der Zuschauer auf den neuen Auftritt lenkte und dadurch gewissermaßen den Scenenwechsel ersetzte[42].

Manche dramatische Darstellungen der Ostergeschichte bildeten einzelne Scenen mit Vorliebe aus. So tritt z B. mitunter die Scene hervor, wie die Frauen auf dem Markt Salben kaufen, nach Anregung des lateinischen Textes: „*Festinemus unguentum emere!*" Andere fügten der Auferstehung die Charakteristik der das Grab bewachenden Soldaten oder „Ritter" bei; wieder andere heben das „*Currebant duo simil*" hervor und stellen den Wettlauf des Petrus und Johannes zum Grabe dar, wobei Petrus unbeschadet seiner Ehre als Apostelfürsten immer den kürzeren zieht und wohl auch wegen voraufgegangener Ruhmredigkeit verspottet wird. Häufig gab auch der Gärtner, den man bisweilen als eine von Christus verschiedene Person aufstellte, zu weiterer Ausführlichkeit Anlaß und es fehlte auch hier nicht an solchen, welche in der frohen Osterzeit auch dem Scherz sein Recht ließen, und daher manches komisch auffaßten. So enthalten in einem Tiroler Osterspiel die Reden des Gärtners und seines Knechtes eine spöttische Lehre von den Heilmitteln, wahrscheinlich als Satire gegen die Ärzte und Marktschreier jener Tage. Hier begegnet auch dasselbe Stück mit dem Wettlaufen, wo Petrus dem Spotte als Zielscheibe hingestellt wird, ähnlich wie bei H. Sachs – als ob der Volkswitz auf solche Weise die Verleugnung des Herrn strafen wollte. Besonders scherzhafter Art aber sind die sog. Bruderspiele, welche den Gang nach Emmaus darstellen. Die beiden Wanderer sind Lukas und Kleophas. Nachdem der Herr ihnen im Wirtshause von Emmaus das Brot gebrochen und sich ihnen offenbart hat, will Lukas nun gleich fort, um es den Jüngern

---

42 Vgl. Pichler, Über das Drama des Mittelalters in Tirol. Innsbruck 1850.

zu melden, allein Kleophas hat noch Hunger; er will zur Wegstärkung erst einen tüchtigen Schluck als St. Johannes Segen nehmen. Zuletzt kommt es noch zum Streit mit dem Wirte, es kommt zu einer Rauferei, der Wirt kriegt Prügel und will zum Richter gehen. Unterdessen machen sich die Gäste davon. Auf dem Wege beginnen sie wieder ihre christlichen Gespräche, Lukas will noch die Erscheinung des Herrn bezweifeln, Kleophas aber, „dem vor Leid das Herz tut krachen," beredet ihn endlich doch. Sie trinken den Rest des Weines aus und verzehren die noch übrigen Ostereier. Lukas schließt: Nun singt den bösen Juden zu schanden: Christ ist erstanden.[43]

In demselben, durchweg volksmäßig, oft derb gehaltenen Osterspiele aus Tirol sind die fünf das Grab bewachenden Soldaten Unverzait, Schurenprant, Wagendrusel, Helmschrat, Wagsring recht als milites gloriosi geschildert, die es mit dem Teufel aus der Hölle aufnehmen wollen, aber ein Engel vom Himmel berührt sie mit einem Schwert, so daß sie zu Boden fallen: „Ihr Ritter, ihr sollt gebunden sein! Das gebeut euch der Herre mein. Das ist Gott in der Majestät, Der den Teufel gebunden hat. Der Herr der soll erstehn und mit Gewalt von hinnen gehn." *Et Christus surgit de sepulchro cantans: Ego dormivi et dicit:*

> Ich hab geschlafen süßiglich
> Nach meiner Marter bitterlich.
> Nun will ich gehen zu der Helln,
> Zu Luzifer und sein' Geselln,
> Und will die gefangen herausnehmen.
> Ich bin darum in die Welt kommen,
> Daß ich die Guten und die Bösen
> Mit meinem Tod will erlösen.

---

43 Pichler a.a. D. 50. 51.

Et recedunt simul cantando salvator cum angelis: Resurrexi et adhuc tecum sum. Alleluia.

Die Wächter werfen sich nun gegenseitig vor, daß sie die Zeit verschlafen haben; so sagt Unverzagt zu Schurenbrant, er sei „nur da ein Held, wo man die harten Eier schält. Aber wo man das Schwert tut ziehen, da seid ihr der erste, der da tut fliehen." Schließlich erheben sie die Waffen widereinander.

Dann erscheinen die Frauen mit ihren Salben bei dem Grabe mit der Frage *Quis revolvet nobis ab ostio lapidem*?

Darauf antworten Engel aus dem Grab:

> Wen suchet ihr, drei Frauen,
> Daß euch Gott muß anschanen
> So früh bei dem Grab
> An dem österlichen Tag?

Die drei Marien antworten: *Jesum Nararenum crucifixum quaerimus*:

> Wir suchen Jesum, der geboren ist
> Von Nazareth und heißer Christ
> Und an dem Kreuze litt den Tod
> Für aller Sünder Not.

Die Engel erwidern: Er ist erstanden und nach Galiläa gegangen:

> Geht her und schaut die Statt,
> Da Jesus gelegen hat,
> Hier ist nit mehr als ein Tuch.
> Er hat gebrochen den Fluch,
> Den Adam verdient hat.

Es folgt dann das Gespräch der Maria Magdalena mit dem Gärtner, welches sehr derb humoristisch gehalten ist, indem dieser sie schilt, daß sie ihm „das Kraut niedergetreten" habe. *Et sic hortulanus recedit. Maria plangit ulterius prope sepulchrum*:

> O Erlediger aller Christenheit,
> O Spiegel aller Weisheit,
> Sieh an mein großes Herzeleid!
> O Ursprung aller Gnaden,
> Sieh, wie ich bin überladen!
> Herr, nimm mich hin zu dir,
> O komm und tröst mich schier.

Wieder entspinnt sich ein Gespräch mit dem Gärtner, der bei dieser Gelegenheit eine lange Beschreibung seines Gartens gibt und alle Pflanzen und heilsamen Kräuter desselben aufzählt. Endlich erscheint der Auferstandene und ruft: *Maria!* Maria antwortet:

> Herr Jesus Christ, lieber Trost,
> Bist du es, so bin ich erlöst!
> Lieber Herr Jesus Christ,
> Tröste mich, wenn du es bist.

Der Auferstandene versichert ihr, daß er tot war und nun lebendig sei, „ich hab zu diesen Stunden, die leidigen Teufel gebunden und bin kommen meinen Lieben zu Trost und hab sie gewaltiglich erlöst." Maria spricht:

> Gnade, Herr, o Meister mein!
> Von der Kraft der Urstend dein
> Hab ich empfangen ein' Trost süß,
> Daß ich will küssen deine Füß.

Der Herr wehrt sie ab und befiehlt ihr, den Jüngern zu verkünden, daß er lebe und sie in Galiläa erwarte. Sie richtet den Befehl aus, findet aber bei Thomas keinen Glauben. Dieser wird erst überzeugt, als der Herr selbst den Jüngern erscheint und zu Thomas spricht (singt):*Mitte manum tuam et agnosce loca clavorum*:

> O du ungläubiger Thomas!
> Willst du nit glauben das,
> Daß ich bin erstanden
> Von des Todes Banden?
> Reich mir her deine Hand,
> So tu ich dir bekannt
> Meine tiefen Wunden,
> Die stehn mir noch unverbunden.

Thomas porrigit tunc manum cantando. Domine meus et deus meus. Alleluia. Et dicit:

> Nun glaub ich zu dieser Frist,
> Daß du bist unser Herr Jesus Christ.

Der Herr antwortet: *Quia vidisti me Thoma! credidisti, beati qui non viderunt.*

> Selig bist du Thomas,
> Daß du geglaubet das!
> Seliger noch sind die,
> Die es glauben und sahen's nie.

Salvator canit recedendo:

> *Resurrexi et adhuc tecum sum.*

Den Schluß dieses Tirolers Osterspiels bildet dann der Wettlauf Johannis und Petri zum Grabe, der in burleskem Tone dargestellt wird. Petrus wird von Johannes aus seinem Schlafe geweckt mit den Worten:

> Peter, lieber Geselle mein,
> Steh aus und weck die Glixen dein,
> Und laß uns laufen zu dem Grab,
> Ob der Stein sei herab.
> Du bist aber also faul
> Als ein abgerittner Gaul,
> Wo der sich einmal leget nieder,
> Kann er vor Faulheit auf nit wieder.

Und in diesem Tone geht es weiter. Es ist eben eine Bauernkomödie voller Derbheiten.

Ein anderes Osterspiel, welches Mone[44] in einer Urkunde von Landau vom Jahre 1324 fand, behandelt mehr das Leben des Herrn von seinem ersten Zeichen auf der Hochzeit zu Kana an und stellt besonders die Passionsgeschichte dar, nur anhangsweise die Auferstehung. Nachdem der Herr gestorben und sein Leib ins Grab gelegt ist, befiehlt Kaiphas den Wächtern, dasselbe wohl zu hüten. Die Wächter ziehen zum Grabe. Im unmittelbaren Anschluß daran heißt es: *Tunc duo angeli gladiis percutient milites. Terra tremuit et quievit. Quibus territis cantans Dominus surgat: Resurrexi etc. Deinde vadat ad infernum portans crucem cantans: Tollite portas!*

Und so erfolgt die Darstellung der Niederfahrt zur Hölle oder vielmehr des Sieges über Hölle und Teufel:

---

44 Schauspiele des Mittelalters I, 69 fg.

Ihr Höllenfürsten, tut auf die Tor
Und gebt mir meine Knechte hervor!
Respondet Lucifer:
Quis est iste rex gloriae?
Wer ist der, der da boßet
Und an die Tore stoßet?
Ich bin gewesen fünftausend Jahr
In dieser Hölle Fürst fürwahr,
Daß ich hörte keinen Stoß
An diese Tore so rechte groß.

Respondet angelus, qui praecedit Jhesum: Dominus virtutum ipse est rex gloriae:

Tut aus, der Herre ist gekommen,
Von dem euch wird genommen
Eure mannigfaltige Gewalt,
Die ist gewesen längst zu alt.

Tunc Christus pede trudat januam et aperiatur, et Adam cum ceteris cantent: Adevenisti et dicat:

Herre du bist kommen her
Des wir gewartet mit Begehr
In Finsternis so manche Stund,
Nu ist uns deine Hilfe worden kund.

Tuns Jllssus upxrsllsuclsus Jciam muuu ouutat: Vsuits Ususdioti:

Wohlauf, ihr sollet ohne Beschwer
Fortan leben immermehr
Bei mir und bei dem Vater mein,
Da sollet ihr mit Freuden sein.

Tunc deducat eos ad Paradysum, quo cum pervenerint, cantent: Sanctus, sanctus, sanctus.

Es schließt dann das Spiel mit dem Gange der Marien zum Grabe.

Das Donaueschinger Passionsspiel[45] aus der zweiten Hälfte des 15. Jahrhunderts, dem Umfange nach wohl das größte aller altdeutschen Schauspiele, schildert in der siebenten Handlung im ersten Auftritt von v. 3775 – 3814 die Bestellung der Grabwache; im zweiten (3815 – 3842) die Bezahlung der Wächter; im dritten (3843 – 3858) die Wächter am Grabe; im vierten (3859 – 3882) die Höllenfahrt; im fünften (3883 – 3976) die Erlösung der Altväter. Die achte Handlung behandelt dann die Auferstehung selbst; wie Christus seiner Mutter erscheint; darauf das Erwachen der Grabhüter; die Frauen und den Salbenkrämer; die heiligen Frauen am Grabe und zuletzt die Frauen und die Apostel.

Indem die vier „stolzen Ritter" zum Grabe gehn, spricht einer von ihnen, Samson:

> Höret, liebe Gesellen mein,
> Laßt uns in guten Sorgen sein.
> Vermessen hat sich der öde Mann,
> Er wolle am dritten Tag erstahn,
> Darum so laßt uns eilen sehr,
> Doch glaube ich es nimmermehr.

Indessen kommen sie zum Grabe. Da springen sie umher und Johel sagt:

> Ihr Gesellen, tu jeder ein' guten Sprung,
> So tun wir dann ein guten Trunk

---

45 Vgl. Mone, Altd. Schausp. II, 150 fg

> Welschen Wein aus meiner Flaschen,
> Unser Geld wollen wir hier verwaschen.

Dann legen sie sich alle vier an die vier Enden des Grabes und schlafen alsbald ein. Während sie schlafen, soll ein Donnerschlag (Tonnerklopf) mit Büchsen gemacht werden. Während dieses Donnerschlags stößt der Salvator das Grab auf und steht aufrecht, bereit, mit einem Fuß herauszusteigen.

Dann kommt der andere Engel und bringt eine goldene Krone und ein weißes Fähnlein mit einem roten Kreuz und spricht:

> Herre, du wollst nehmen diese Kron
> Und den Königsstab so schön,
> So dir dein Vater hat gesandt
> Vom Himmel auf das irdische Land.

Surrexit pastor bonus. Er spricht:

> Ich hab geschlafen und bin erstanden,
> Das wird verkündet in allen Landen.
> Mein Vater hat empfangen mich,
> Das sollt ihr wissen sicherlich.
> Große Marter hab ich erlitten
> Und des Teufels Bande zerschnitten.

Dann geht der Auferstandene mit den Engeln zu der Hölle. Diese beginnen zu singen das *Tollite portas principes vestras et portas aeternales et introibit*[46].

---

46 Auch hier bildet neben dem *Ev. Nicodemi* das kirchliche Ritual die Grundlage, in welchem das sog. Canticum triumphale eine wesentliche Stelle einnimmt. Es lautet: *Cum rex gloriae Christus infernum debellaturus intraret et chorus angelicus ante faciem ejus portas principum tolli praeciperat:*

Der Herr stößt mit dem Fuße an die Hölle und spricht mit lauter Stimme:

> Ihr Fürsten der Hölle, tut auf die Tor,
> Der König der Ehren ist davor.

Die Hölle aber wird nicht ausgetan, die Teufel machen darin großen Lärm und Lucifer spricht verächtlich: Wer ist der König der Ehren? Wir wissen hier von keinem Herrn. Dasselbe wiederholt sich mehrmals, bis endlich das Tor zerbrochen wird. Die Teufel erheben ein wildes Geschrei, der Auferstandene aber nimmt eine Kette und bindet Luzifer. Während jene also brüllen, beginnen die Engel zu singen: *Venite benedicti patris mei in regnum coelorum, quod paratum est vobis.*

Der Herr aber spricht:

> Kommt ihr Alten hie mit mir,
> Denn heute so seid erlöset ihr
> Durch mein bitter Leiden und Sterben:
> Ihr sollet nun nicht mehr verderben,
> Die Propheten sind erfüllet recht,
> Ich hab erlöset alles Geschlecht.

Die Altväter in der Hölle aber beginnen darauf zu singen:

Advenisti desiderabilis,
Quem exspectabamus in tenebris,
Ut educeres hac nocte vinculatos de claustris.

---

sanctorum populus, qui tenebatur in morte captivus, voce lacrimabili clamaverat: Advenisti desiderabilis, ut educeres hac nocte vinculatos de claustris. Te nostra vocabant suspiria; te large requirebant tormenta; tu facta es spes desperatis, magna consolation in tormentis.

Dann nimmt der Herr Adam bei der Hand; die anderen gehen ihm alle nach heraus aus der Hölle bis vor das Volk, damit das jedermann sehen und hören möge. Die Altväter gehen in weißen Hemden und vor ihnen viel kleine Kinder nackend mit aufgehobenen Händen.

Darauf knien sie alle nieder vor dem Erlöser und Adam spricht:

>   Allmächtiger Gott,
>   barmherziger Herr,
> Ich dank dir für die große Ehr,
> Die du mir Armen tust erzeigen:
> Ich muß mich billig ewiglich neigen,
>   Denn ich war ewiglich tot,
>   Seit mir das Weib den Apfel bot.
> O Herr, daß du uns diese Schuld
> Erlassen hast mit großer Geduld,
> Des dank ich Herr von Herzen dir,
> Daß du bist gewesen so gnädig mir
>   Und mich erlösest diese Stund,
>   Nun wird mein arme Seel gesund.

Nachdem auch Eva ihr Sündenbekenntnis und ihren Dank ausgesprochen hat, kommt Johannes der Täufer mit dem Lämmlein und spricht:

>   Herr, du bist das Lamm und Schaf,
>   Das aller Welt Sünde und Straf
> Hin hat genommen mit Angst und Weh,
> Des will ich dich loben immermeh.
>   Denn ich saß in großer Not,
>   Bis daß du gelitten hast den Tod,
> Da ist mir gekommen der Freuden viel,
> Darum ich dich ewiglich loben will.

Drauf kommen Daniel und Noah und Abraham und bringen dem Erlöser ihren Dank dar; ebenso Jesajas, Moses, Jeremias. Im achten Auftritt werden die Altväter von den Engeln ins Himmelreich geführt. Drauf kommt der erste Engel zu Maria und spricht:

> Maria, laß dein Trauern sein,
> Denn Jesus, dein Sohn, der Herre mein
> Ist erstanden von dem Tod,
> Darum leg hin dein Klag und Not!
> Du wirst ihn sehen in kurzen Stunden,
> Er hat die Altväter all entbunden.
> Und nun singen die Engel zusammen:
> *Regina coeli laetare, Alleluja.*
> *Quia, quem meruisti portare, Alleluja,*
> *Resurrexit sicut dixit, Alleluja.*
> *Ora pro nobis Deum, Alleluja.*

Inzwischen kommt der Auferstandene und spricht zu Maria:

> Mutter, du sollst glauben mir.
> Ich bin erstanden und noch bei dir.
> Von dir scheid ich mich nimmermeh,
> Leg hin dein Klag und alles Weh.

Jetzt erwachen die vier Ritter, sehen das Grab leer und einer gibt dem andern die Schuld, daß Jesus ihnen genommen sei. Sie stoßen und schlagen einander. Nun treten die drei Marien auf mit der Klage *Heu heu quantus est noster dolor*. Sie gehen dann zum Apotheker (appentecker), um sich Salben zu kaufen:

Aromata pretiosa quaerimus,
Corpus Christi ungere venimus:
Holocausta sunt odorifera
Caritatis ex fide opera.

Sie kaufen die Salben, jede nimmt eine Büchse und so gehen sie zum Grabe. Auf dem Wege dahin singen sie:

Jhesu nostra redemptio,
Amor et desiderium.

Am Grabe angekommen spricht Maria Magdalena:

Eia, daß jemand so selig wär,
Der uns ringerte unser Beschwer
Und hilf uns heben hie herab
Den großen Stein von diesem Grab.

Da tun die Engel das Grab auf; ein andrer steht darinnen. Maria Salome hebt an und spricht:

Wohin nur kamst du, süßer Christ?
Ich wollt dich salben ohn arge List.
Welch Wunder geht uns hier zuhanden?
Ich mein, ihr Schwestern, er sei – erstanden.

Die Frauen stehen still, die Engel aber singen:

Quem quaeritis,
o tremulae mulieres,
in hoc tumulo plorantes?

Der dritte Engel spricht:

> Erschrecket nit, ihr lieben Frauen,
> Ich weiß wohl, wen ihr sucht zu schauen,
> Bon Nazareth den Herren Christ,
> Fürwahr derselbe erstanden ist.

Die Frauen antworten: *Jhesum Nazarenum crucifixum quaerimus*. Die Engel erwidern:

> Er ist nit hier, er ist erstanden,
> Saget das in allen Landen,
> Verkündet's auch den Jüngern froh
> Und insonderheit Petro,
> Daß Jesus Christ, der Herre mein
> In Galiläa will zu finden sein.

Levando linteamina:

> Seht das Tuch an dieser Statt,
> Darinnen er gelegen hat.
> Er ist erstanden sicherlich.
> Das sag ich euch wahrhaftig.

Alle die genannten dramatischen Darstellungen aber werden weit übertroffen von einem Osterspiel, welches zugleich das einzige uns vollständig erhaltene ist, dem Mecklenburger oder Redentiner-Osterspiel vom Jahre 1464[47]. Auch hier wird kein Verfasser genannt; wie beim Volksepos und den Volksliedern, so gibt es auch bei den geistlichen Dramen des Mittelalters nirgends Verfassernamen: es hatte sich

---

47 Vgl. Wirth, Die Oster- und Passionsspiele bis zum 16. Jhdt. Halle 1889. S. 129.

auch hier eine Tradition gebildet, nicht nur von Geschlecht zu Geschlecht, sondern auch von Land zu Land. So geht gleichsam eine Linie dieser dramatischen Tradition von St. Gallen über Innsbruck nach Redentin. Bei der allgemeinen Tradition dieser Osterspiele, welche sich in der Darstellung der Höllenfahrt fast alle an das *Ev. Nicodemi* anlehnen, fehlten auch andere Vorlagen nicht, dennoch wäre es sehr verkehrt, in dem Redentiner Spiel etwa die Übersetzung einer solchen Vorlage sehen zu wollen. So haben z.B. das am 1. Sept. 1391 vollendete Innsbrucker Spiel, zu welchem das St. Galler gleichsam die Grundlinien enthält, sowie das Landauer und Donaueschinger mit dem Redentiner einzelnes gemeinsam, aber diese Spiele sind voneinander wieder so durchgreifend verschieden, daß an eine Entlehnung gar nicht gedacht werden kann. Insbesondere zeigt sich das Redentiner Spiel im Weglassen sonst so beliebter und durch die Tradition überlieferter, wie in der Darstellung eigenartiger Scenen durchaus selbständig, und im ganzen Verlauf des Dramas wird die Einheit der Handlung so streng gewahrt, wie bei keinem andern dieser Spiele. Nirgends läßt sich eine Handlung oder Scene, auch keine nur vorbereitender Art ausscheiden, ohne daß die Einheit der Handlung sofort empfindlich gestört würde. Eine erhöhte Bedeutung erhält unser Mecklenburger Spiel noch dadurch, daß es der mittelniederdeutschen Literatur angehört. Ruht es nun andererseits auf dem kirchlichen Ritual, so nimmt es, was die Sprache, was Einheit der Handlung, gedankenvolle, dramatisch zuträgliche Ökonomie und tief gedachte Gruppierung der Personen, ernste Komik, jugendliche Frische und gesunde Volkstümlichkeit betrifft, in der gesamten dramatischen Literatur eine hervorragende Stellung ein.

Die Handschrift des Spiels[48] befindet sich auf der Hof-

---

48 Die Handschrift des Redentiner Osterspiels im Lichtdruck mit Beiträgen

bibliothek zu Karlsruhe. Es sind zwölf Blätter in Quart (Papier). Zuerst gab es Mone im zweiten Bande der Schauspiele des Mittelalters Karlsruhe 1846 heraus. Mit sehr willkürlicher Behandlung des Textes erfolgte dann 1851 eine zweite Ausgabe von Ettmüller: *Dat Spil fan der Upstandinge,* darauf erschien es in Kürschners deutscher Nationalliteratur Nr. 178: Das Drama des Mittelalters von R. Froning, bis endlich 1893 Schröders musterhafte Ausgabe erfolgte[49]. Ob das Redentiner Spiel auch zu Redentin aufgeführt ist, können wir mit Bestimmtheit nicht sagen[50]. Daß aber auch auf Dörfern Osterspiele aufgeführt wurden, wissen wir u.a. aus Murners Eulenspiegel: „Es ist ein Gewonheit hier," sagt der Pfarrer, „daß die Bauern allwegen zu den Ostern in der Nacht ein Osterspiel halten, wie unser Herr entsteht uß dem Grab." Noch heute führt ein Hof ½ Meile nordwärts von Wismar den Namen Redentin. Einst war Redentin der Hauptort der Besitzungen des Cisterzienser-Klosters Doberan, wie denn noch heute das betreffende Großherzogliche Amt, welches jetzt seinen Sitz in Wismar hat, eben von Redentin den Namen trägt. Zu Redentin gehörte auch das angrenzende Farpen; dort steht noch ein altes großes Gebäude, jetzt Kornspeicher, welches die Tradition als ehemaliges Kloster bezeichnet.

Die Handlung unseres Spiels fällt in jene *nox angelica*; sie beginnt mit der Grabwache und nähert sich dem Morgen des *dies regalis*. Vier Ritter, die zu Pilatus im Verhältnisse mittelalterlicher Gefolgsleute stehen, werden ausgeschickt, das Grab des Herrn zu bewachen. Die Heilsfreude über den im voraus gewissen Sieg Christi steigert sich hier

---

zu seiner Geschichte und Literatur herausgegeben von A. Freybe, Schwerin 1892, Druck und Verlag von Bärensprung.

49 Norden und Leipzig, Dietrich Soltau.

50 Vgl. Freybe, Das Meklenb. Osterspiel. 2. Aufl. Norden 1884.

zur bedeutungsvollen Ironie. Denn das Spiel zeichnet sie als viermilites gloriosi, die es mit den vier Himmelsgegenden aufnehmen wollen, wie die vier Engel, welche am jüngsten Tage durch Posaunenschall nach den vier Weltgegenden die Toten erwecken –: eine Satire der seltensten, ernstesten Art. Diese vier Ritter heißen Salmon, Sampson, Boas und Sadoch. Es sind vier „Iserenfreters", wie N. Gryse solche Prahler nennt, die einen schneidenden Gegensatz bilden zu dem Ernste, mit dem Pilatus sie fragt: *Lowe gy, dat en dot man werde leven*? Er fürchtet nämlich, wie ihm der erste Ritter auch offen sagt, daß Christus auferstehen werde: *Gy vruchtet dat nycht to vruchtende stat.* Er will ihn, wenn er wirklich sich aus dem Grabe erheben sollte, gleich Niederschlagen mit seinem guten Schwerte. Ähnlich prahlen die andern drei in der Judenschule, wo diese erste Scene sich abspielt. Hier wird ihnen auch im voraus der Lohn in barem Gelde auf einem Brette abbezahlt. Pilatus geht dann selbst mit seinen vier Rittern zum Grabe, um hier die Grabwache anzuordnen: Salmon, ich halte dich für den besten, du sollst dich legen in das Westen. Und Salmon geht dahin mit den Worten:

Ik ga ligghen in dat westen,
Wente ik hole my ok vor den besten.

Ritter Sampson wird „für das Norden" bestellt und nimmt mit gleicher Selbstgefälligkeit seine Stelle ein: *er will morden, was zahm oder wild, wente ik bun geheten Howeschilt.*

Dem dritten, dem schwerfälligsten Ritter, dem Herrn Boas van Thamar gibt Pilatus seinen Platz im Osten. Da, wo die Sonne aufgeht, ist ja die Wache am bequemsten:

Menschenkind Boas van Thamar hör:
Du bist an Sinnen gar so schwer.

> Dir soll es am bequemsten sein,
> So folge du der Weisung fein:
> In das Osten sollst du dich strecken.

Der Name des schläfrigen Ritters aber klingt im Munde des Pilatus wie ein feiner Spott sowohl auf den Adel wie auf die Juden. Zugleich charakterisiert die Anrede gummen Boas van Thamar den römischen Richter, der aus der alttestamentlichen Heilsgeschichte nur einige Namen und leere Klänge kennt.

Boas van Thamar erfüllt seinen Auftrag und geht ab, indem er mit kriegerischer Miene auf sein Schwert, den braunen Degen hinweist, *dat ruschet an myner scheide.* Er denkt sich sein Schwert als ungeduldig wie Abners Schwert, „das ging gern aus und ein."

Endlich wird der getreue Sadoch aufgestellt, um es mit der südlichen Himmelsgegend aufzunehmen:

> *Ik ga hir liggen an der suder siden.*
> *He schal uns nycht entgan edder riden.*
> *Krighe ik myn swert an myne hant,*
> *Ik wil ene drenghen up de want,*
> *Dat em alle syne ribben scholen knaken.*
> *Dar to so helpet my alle wol waken*
> *Und latet ju den slap nicht bedregen*
> *Unbestraffet schal he uns nicht untvleghen.*

Was diese vier Ritter reden, ist, wie der Psalmist sagt, vom Himmel herab, stolz, hoffärtig geredet, „aber auf das Werk des Herrn schauen sie nicht."

Es folgt nun die trefflich lokalisierte Schlafscene, die auf die Zuschauer einen tiefen Eindruck machen mußte, indem das Spiel die Lokalität den Redentinern sozusagen vor die Tür verlegt. Es ist ein Wächter bestellt, der die Ritter wach halten, oder wenigstens wecken soll, falls in irgendwelcher Richtung Leute auf das Grab zugehen sollten.

Unsere vier glorreichen Ritter schlafen sehr bald ein. Die eben noch prahlenden Grabeshüter zeigt uns das Spiel als Helden im Schlafen, als rechte „Schlafmützen". Mit ihnen treibt denn auch der Wächter weidlich seinen Spott. Aber die stolzen Ritter schlafen fort, auch nachdem der Wächter sie dreimal, wohl um 10, 11, 12 Uhr geweckt hat. Er greift sie sogar bei der Ritterehre an: „Ihr stolzen Ritter wachen sollt und verdient mit Ehren euern Sold. Es ist Mitternachtsstunde, laut bellen hör ich die Hunde." Aber es hilft alles nichts. Sagt doch der Ritter Boas van Thamar ganz getreu seiner schwerfälligen, schlafsüchtigen Art: Wächter, bei meinem Leben, all mein Geld will ich dir geben, wenn du mich lässest weiter schlafen; ich kann mich nicht zusammenraffen vor großer Müdigkeit, – und setzt in seiner grobsinnlichen Art hinzu: *ik mut den oghen voder gheven.*

Also Ritter Salmon, der sich hielt für den besten, Herr Sampson Hau auf den Schild im Norden, Boas van Thamar mit seinem Schwert „Klinge" im Osten, sowie der getreue tapfere Ritter Sadoch sind Helden – im Schlafen. Wenn jemand zum Grabe kommen, oder wenn Christus auferstehen würde, so wollte der erste ihn zur Erde strecken, der zweite ihn verhauen mit seinem freislichen Schwerte, der dritte ihm das Knie versohlen, der vierte ihn an die Wand drängen, daß ihm alle Rippen sollten krachen. So hatten sie vorher geprahlt. Und nun?

Nun kommen die Engel daher, unter ihnen als erster, wie in Goethes Faust, Raphael, der singt sie noch tiefer in Schlaf.

Hiermit beginnt die zweite Handlung, welche uns die Nacht am Grabe darstellt. Im ersten Auftritt dieser Handlung erscheinen die Engel und singen das herrliche Lied, dessen erster Teil ein Schlaflied für die Wächter, dessen zweiter Teil mit seinem sechsmaligen Sta up! ein Wecklied für den Herrn ist.

Die Engel singen: *Silete! Raphael super sepulchrum cantat: dormite!*

Schlafet, ihr Wächter an dem Grabe,	*Slapet, gy wachter an deme grave*
Seht, ob Gott sein Werk hier habe,	*Oft got syn werf hir have,*
Das ihr nicht könnet wenden	*Dat gy des nicht ensperen*
Und mit keinen Dingen enden.	*Unt myt nenen dinghen keren.*

Iterum cantantes simul. *Uriel: Exsurge.*

Steh auf, Herre, Gottes Kind,	*Sta up, here, gades kynt,*
Dem wir unterthänig sind.	*Deme we underdanych synt,*
Steh auf, göttlicher Trost:	*Sta up, gotlike trost!*
Alle Schuld ist nun gelöst.	*Alle scult is nur ghelost,*
Erfüllt ist alles nun vollkommen,	*Alle dynk warden nu vullenkomen,*
Seit deine Menschheit hat an sich genommen,	*Sunt dine mynscheit heft to sik namen,*
Die ewige Klarheit,	*de gotliken clarheit,*
Die Gott leiblich dir verleiht.	*de nu liflyken an dy steyt.*
Steh auf, Herr, das begehren wir,	*Sta up here, des beghere wy,*
Die wir zu allen Zeiten dienen dir.	*De we to allen tiden denen dy.*
Steh aus, Herr, von deiner Ruh!	*Sta up here van dynere rowe,*
Alle Menschen erfreue nu!	*Alre mynschen vroude,*
Tu auf die Arche deiner Heiligkeit,	*Du up de archa dyner hillicheit,*
Die hier in diesem Grabe ist bereit	*De hir an dessem grave is bereyt,*
Steh auf, Mensch und Gott,	*Sta up mynsche unt got,*

Du leidest nicht mehr Pein oder Not,	*Du lidest nycht mer pine ofte not.*
Steh auf von aller Pein,	*Sta up van aller pyn,*
Bist deinen Auserkornen ein ewger Freudenschein.	*Du bist dynen uterkornen en Ewich schyn*

Dies Wecklied mit seinem niederdeutschen Exsurge des Engels Uriel ist zugleich ein Lied des frohen Bekenntnisses. Die Engel bekennen laut, was die hochmütigen Menschen leugnen wollen: daß Gott sein Werk hier habe; sie bekennen den im Grabe Ruhenden als Gottes Kind, dem sie untertänig sind; als göttlichen Trost, weil er alle Schuld vergibt und alle Dinge zur Vollkommenheit bringt; als Gottes- und Menschensohn, der in seiner Menschheit die Fülle göttlicher Klarheit hat; sie bekennen ihn als Herrn, dem sie zu allen Zeiten dienen, als ewgen Freudenschein für die ganze Welt. Es ist ein Lied evangelischer Heilsfreude in Engelsmund.

Darauf erbebt die Erde. Jesus erhebt sich aus dem Grabe und singt das *Resurrexi*.

Es mußte doch einen tiefen Eindruck auf die Zuhörer machen, wenn Jesus hier selbst die Worte des Rituals singt, mit denen sonst der Priester die Messe am Ostersonntage begann: *Resurrexi et adhuc tecum sum* nach Ps. 139, 18. Indem der Herr mit der Antiphone *Resurrexi* aufersteht, feiert er gleichsam selbst das Hochamt am Ostersonntage – gewiß eine bedeutsame Beziehung zu der gottesdienstlichen Liturgie, der festen und heiligen Grundlage unseres geistlichen Dramas, auf die auch der Name Misterium als Kürzung aus *ministerium* hinweist.

Und welch eine schlichte und gewaltige Plastik, daß der Herr über den schlafenden stolzen Rittern das Hochamt feiert und dann sein herrliches *Consummatum*, „Es ist vollbracht" singt:

> Nun sind alle Dinge vollbracht,
> Die längst in der Ewigkeit waren bedacht,
> Daß ich des bittern Tods sollte sterben
> Und den Menschen Gnade wieder erwerben.
> Darum bin ich nun auferstanden,
> Will lösen der Hölle Banden,
> Adam und Eva holen mir
> Und alle meine Lieben herfür.
> Ihnen ist ewige Freude bereitet,
> Ob Lucifers Hochmut sie hatte verleitet.

Hiermit wird zugleich dramatisch geschickt vorbereitet die dritte Handlung, die Erlösung der Seelen aus der Vorhölle.

Denn da man die Seele Christi ohne Leib doch nicht darstellen konnte, so mußte im Schauspiel Christus zuerst auferstehen und sich darauf in die Vorhölle begeben. So verschieben die Osterspiele die Tatsachen aus scenischen, nicht aus dogmatischen Gründen. Übrigens folgt auch in Klopstocks Messias die Höllenfahrt erst nach der Auferstehung.

Die Erlösung aus der Vorhölle ist sehr tief und innig gedacht.

Als der Herr dem „düsteren Grunde" naht, geht eine freudige Bewegung durch die abgeschiedenen Geister (*exultantibus animabus in inferno*). Ein Heller Schein fällt hinein, und bedeutsam ist es, daß diesen Schein zuerst Abel wahrnimmt. Er ist ja der erste unschuldig Gemordete und insofern ein Vorbild auf Christum. Und wer zuerst den bittern Tod geschmeckt hat, soll auch zuerst erfahren, daß der Tod überwunden ist. Abel spricht zu den Geistern in der Vorhölle:

> *Ik vraghe ju alto male,*
> *De dar sytten an desser quale,*

Wat mach desse grote clarheyt debuden,
De we hebben vornamen huden?
Wat uns got nu wolde an desseme elende
Alzo grot en licht sende;
Dat is en wunnechliker schyn!
Ik bun Abel, den syn broder Cayn
Mordede ane schult,
De martel hebbe ik gheleden myt dult.
Ik hope, des schole en ende syn,
Dat betughet desse schyn.

Darauf wird uns die ganze harrende Menschheit dargestellt in Adam, der ihre Sehnsucht nach Erlösung ausspricht. Dann wird die Hoffnung der Propheten ausgesprochen durch Jesajas, der sich auf die Worte im neunten Kapitel seiner Weissagung beruft: *Populus gentium, qui ambulabat in tenebris, vidit lucem magnam, habitantibus in regione mortis lux orsa est eis.*

An diese Trilogie des Bekenntnisses schließt sich eine andere, die den Übergang vom Alten zum Neuen Testament vertritt: Simeon, Johannes der Täufer und – Seth.

Simeon bekennt den Herrn als den „rechten Immanuel", den er einst auf seine Arme genommen. Dann singt er die Antiphone, die auf Lichtmeß gesungen wird: *Lumen ad revelationem* nach Luk. 2, 32: „Ein Licht zu erleuchten die Heiden." Johannes der Täufer aber erscheint auch noch in der Vorhölle im *rugen clet* (rauhen Kleide) und ist auch hier noch der Wegbereiter: *lovet my des by gode, ik bun syn ware bode, he is hir nagher by, de de will losen ju unt my.* Und nun singt er das *Ecce agnus*. Dann tritt Seth auf als Zeuge Christi. Er erzählt nämlich im Anschluß an das *Evang. Nicodemi* von seiner Reise zum Paradiese, wo er im Auftrag seines sterbenden Vaters Adam sich das Öl der Barmherzigkeit erbeten, statt dessen aber vom Engel Michael ein Reis empfangen habe, das er in die Erde pflanzen sollte; nach 5600 Jahren würde es zum Baum des Lebens, zum Kreuzesbaum heranwachsen. Diese Zeit sei nun abgelaufen.

Nachdem nun Christus in den beiden Trilogien von Abel, Adam, Jesajas einerseits und von Simeon, Johannes dem Täufer und Seth andrerseits in der Vorhölle als Sieger bezeugt worden ist, tritt noch einmal Jesajas hervor. Ihm, der wie kein andrer Prophet den Herrn vorhergeschaut und das Evangelium von ihm verkündigt hat, will auch das Spiel sein volles Recht geben, wenn es ihn zum zweitenmale vorführt und mit Hinweisung auf seine tröstlichste Weissagung sprechen läßt:

> Wahrhaftig, es ist also.
> Des wollen wir alle werden froh.
> Ich habe geprophezeit auf der Erden,
> Von einer Jungfrau soll ein Kind geboren werden.
> Er wird genennet Wunderlich,
> Rat, Kraft, Held, Gott sterblich,
> Ein Fürst von allem Frieden:
> Auf ewig ist's Reich ihm beschielten.
> Des wollen wir uns alle freuen nun:
> Wir sollen ewiglich mit ihm ruhn.

Erst nach dieser Darstellung des doppelten Bekenntnisses der Altväter in der Vorhölle, in welche die Strahlen des herankommenden Herrn fallen, folgt nun im dritten Auftritt der dritten Handlung der eigentliche Sturm auf die Hölle, der schon nach dem Ritual und ebenso auch im *Evang. Nicodemi* zum *descensus ad inferos* gehörte[51]. Im Ritual

---

51 Auch bildliche Darstellungen der Höllenfahrt entsprechen der im Drama. So hat z.B. die Handschrift der oben behandelten „Erlösung" eine solche; ebenso findet sie sich im „Prozesse Belials" von Jakob de Theramo. Da kommt der Herr mit Kreuz und Fahne vor das Tor der Hölle, an welcher ein Drache oder

nimmt ja das oben mitgeteilte sog. *Canticum triumphale* eine besondere Stelle ein. Wie oben im Landauer und im Donaueschinger Passionsspiel, so wird auch im Redentiner Osterspiel Psalm 24, 7 – 10 (Machet die Tore weit und die Türen in der Welt hoch), jener Adventspsalm der Kirche, nach dem Vorgang des kirchlichen Rituals in sehr origineller, stark sinnlicher und handgreiflicher Weise in Form von Wechselgesängen zwei Chören, dem der Engel und dem der Teufel zugeteilt. Die Engel beginnen vor den Toren der Hölle zu singen: *Tollite portas principes, ut rex gloriae intraret.* Als höhnende Antwort rufen die Teufel hinter den Toren: *Quis est iste?* Der Auferstandene aber singt das *Venite, benedicti!* (Matth. 25, 34) vor den Thoren, vor welchen er mit seinen Engeln, mit seinem Gesinde wie ein deutscher Gefolgsherr steht, um den Feind anzugreifen in seiner Burg und die Getreuen zu befreien. Als die Gefangenen drinnen die Stimme des Königs der Ehren hören, da jauchzen sie, die sonst so stillen Seelen, alle auf. *So meldet Puk dem Lucifer: Adam, Isaak, Abraham, Jakob, Noah, Moses se schrien alzo de vogele an dem gronen walde, se hebben vroude und depen rat.*

Der von der ganzen Hölle Gefürchtete, von allen Altvätern Erhoffte naht, um seine gefangenen Mannen zu befreien[52]. Und hier deutet das Red.Sp. wie von ferne auf die schöne Sage von Wolfdietrich, der seine gefangenen Mannen befreit, von denen es bei seiner Ankunft heißt:

> Höllenhund liegt und sich gegen den kommenden Sieger wendet. In der Tür sieht man Adam und Eva, wie sie mit demütig bittender Miene, die Hände auf die Brust gefaltet, herbeieilen. Adam hat schon einen Fuß über die Schwelle gesetzt; hinter beiden sieht man ein gekröntes Haupt, unter dem wir uns wohl den König David denken sollen. Über der Tür sieht man einen Teufel aus Flammen emporsteigen, mit neugieriger Miene auf den Herrn blicken und die rechte Hand abwehrend hervorstrecken. Unter dem Bilde beginnt dann die Erzählung der Höllenfahrt.

52 Vgl. Wolsdietrich bei Simrock, Kleines Heldenbuch 712.

Da streckten sie die Hände empor zur selben Frist.
Sie sprachen: Sei gepriesen Herr Vater Jesu Christ!
Daß wir unsern Herren noch einmal dürfen sehn,
Daran ist Herzensfreude uns armen Leuten geschehn.
Sie streckten all die Hände empor zur selben Frist:
Gedenke deiner Wunden am Kreuz, Herr Jesu Christ!
Bei deinem Heilgen Blute, das aus fünf
Wunden sprang,
Geruh dich zu erbarmen; unsre Not währt allzu lang.
Ihres großen Ungemaches erbarmte Gott sich da.
Nun höret, welch ein Zeichen an den Herrn geschah:
Gott selber erlöste sie aus der Ketten Haft,
Sie standen bei einander ledig, in voller Kraft.

Wieder erschallt aus der Vorhölle eine Trilogie des Bekenntnisses dem Herrn entgegen. Die drei Bekennenden sind hier David, Adam und Eva.

Zuerst sieht ihn David von ferne (*quem videns David a longe venientem*).

Er, der Stammvater Christi, ruft, auf Ps. 107 V. 10 hindeutend:

Nu kumpt de here lavesam
De sprak: portas aereas confringam.

Dann singt er die Antiphone des Rituals: O clavis David nach Apoc. 1, 18. Adam aber fordert die ganze Menge der Altväter auf, dem, dessen Hand ihn geschaffen hat, ein lautes Willkommen zu singen, und so erhebt sich der Gesang:

Advenisti desiderabilis,
Quem exspectabamus in tenebris,
Ut educeres hac nocte vinculatos de claustris.
Te nostra vocabant suspiria;

Te large requirebant tormenta.
Tu facta spes desperatis,
Magna consolatio in tenebris.

Dann tritt Eva auf und bringt als die Mutter des ganzen Menschengeschlechts im Namen desselben dem Herrn noch ein besonderes Willkommen: Wes willekamen der betroveden trost. Es ist auch diese Trilogie des Bekenntnisses keine zufällige. David bewillkommt den Herrn im Namen seines Volkes Israel, Adam im Namen der abgeschiedenen Gläubigen, Eva im Namen der ganzen Menschheit.

Noch einmal wird die Übergabe der Höllenburg gefordert mit dem Gesänge der Engel: Tollite portas, principes. Und wiederum dieselbe höhnende Antwort: *Quis est iste?* Aber über Lucifers Lippen will das höhnende Wort doch nicht mehr recht hervor; er fühlt sich innerlich überwunden, und in den Hohn der Teufel hinein wendet er sich nunmehr furchtsam, ja ratlos und verzweifelnd an David und spricht:

David, wer mag der König der Ehren wohl sein?

Und David gibt nun dem stolzen Lucifer wie einem Schulknaben den Bescheid:

Das liest man ja im Psalter mein:
Der Starke ist's, der Hehre,
Mächtig zum Streit und zu aller Ehre.
Er ist's, der alle Ding hat geschaffen.

Darauf ruft Lucifer verzweiflungsvoll: Dann sind verloren all unsere Waffen. Jesus aber, der (nach Jes. 63, 1) den Purpurmantel trägt, weist auf das Recht der Erlösung hin, das er am Galgen erworben habe, zerbricht das Tor der Hölle mit Gewalt, greift Lucifer und bindet ihn.

Der Chor singt das „*Sanctorum populus*" nach Jes. 9, die Seelen das Advenisti.

Welch einen gewaltigen Eindruck mußte das alles machen! Hier mag etwa die Bühneneinrichtung angewendet gewesen sein, die uns ein französischer Chronist beschreibt. Die Loge der Vorhölle war nach vorn mit einem Gitter oder Netze geschlossen, dahinter verhüllte ein schwarzer Vorhang die darin befindlichen Gestalten; dieser wurde, sobald der Heiland eintrat, weggezogen und nun erst sah man die Gruppen der Erwählten. Mit dem *Veniti, benedicti* tritt der Herr an die Seelen heran, und rührend ist es, wie er zu Adam sich wendet, ihn bei der rechten Hand ergreift und ihm seine Sünde vergibt:

> Adam, reich mir deine rechte Hand,
> Heil und Frieden sei dir bekannt,
> Ich vergebe dir,
> Was du verbrochen hast an mir.

Adam antwortet:

> *Lof sy di unt ere,*
> *Al der werlde eyn here!*
> *Ik unt al myn slechte*
> *Was vordomet myt rechte.*

Er kann solche überschwengliche Freude nicht allein tragen und ruft:

> *Eva Eva,*
> *Salich wif, du to my ga!*

Adam singt: *Te nostra suspiria* nach dem Ritual. Während dem wendet sich der Auferstandene freundlich zu der heraneilenden Eva, die in rührender Weise ihre Schuld bekennt, durch welche das ganze Leiden Christi herbeigeführt ist:

O here Jhesu, godes son,
Ik hebbe ghebroken wedder dy,
Do ik let bedreghen my,
Dat ik dyn bot to brak:
Des hebbe ik ghebuwet der helle vak
Wol vif dusent jar,
Nu bun ik gheloset apendar.

Der Herr fordert nun Adam und Eva auf, ihm mit der ganzen Schar zu folgen. Beim Abzug der Altväterschar verspottet Puk den Fürsten der Hölle: „Herre Meister Lucifer, Ihr seid ein recht Betrogener. Ihr steht wie ein verdorbener Gauch, Man sollt euch bei den Füßen hängen in den Rauch." Lucifer aber klagt:

Wehe mir nun und immer mehr!
Welch ein Gewaltger ist dieser Herr.
Er nimmt, was in Haufen wir manch Jahr
an uns gezogen.
Ward jemand je also betrogen?
Wie stille hat er's zu Wege gebracht!
Wir sollten's früher haben bedacht,
Da eine reine Jungfrau ihn gebar,
Was in der Welt noch niemals geschehen war.
Nun laßt es nur, liebe Kumpane, geschehn!:
Wir wollen uns künftig besser vorsehn.
Diese Schar war mit Unrecht gewonnen
Und wie sie gewonnen, so ist sie entronnen.

Konnte der Sieg Gottes über die teuflische Klugheit wohl besser, wirksamer dargestellt werden? Lucifer selbst gesteht, wie das göttliche Rettungs- und Heilswerk in stillem, aber kräftigem Wachstum durch die Welt ging. Der Stolz wird durch Demut, das Unrecht durch Recht besiegt; das ist die göttliche Weise, die unser Spiel betont und diesem göttlichen Tun gegenüber erscheint nun die ganze Macht der Hölle als Ohnmacht.

Doch wir sahen vorher die Schar der Altväter abziehen und wir fragen: Wohin geht sie?

Der Herr befiehlt alle erlösten Seelen dem Erzengel Michael, daß er sie bringe ins Paradies:

> *Michael en enghel clar,*
> *Ik antwarde di Adam unt syne schar,*
> *Al wes des is,*
> *De scholtu brynghen in dat paradis.*
> *Dar scholen ze myner wardende syn*
> *Unde liden nener hande pyn.*

Da sollen sie auf den Herrn warten, ohne noch irgendwelche Pein zu erdulden. Es ist dies Paradies nicht als die vollendete Seligkeit gedacht – denn sie sollen noch auf den Herrn warten –, sondern wie ein Vorsaal der höchsten himmlischen Herrlichkeit.

Die Szene aber, in welcher die Altväter vom Erzengel Michael ins Paradies geführt werden, ist eine Ausführung des Offertoriums der Seelenmesse, wo es heißt:

Signifer sanctus Michael repraesentet animas in lucem sanctam.[53]

---

[53] Über Michael als ψυχοπομπός vgl. Daniel thes. I, 174: Animas ... e corpore egressas, quibus inhiat bellua infernalis, tuetur S. Michael archangelus easque in lucem sanctam repraesentat, quam Deus promisit Abrahae et semini ejus.

So führt denn Gabriel den Reihen der Erlösten, die im Gehen den Freudengesang *„Magna consolatio"* nach dem Ritual singen. Als sie sich dem Paradiese nahen, kommen ihnen zwei Männer entgegen, jene beiden Zeugen der letzten Zeit, von welchen Apoc. XI redet, welche zur Zeit des Antichrist 1260 Tage weissagen sollen, angetan mit Säcken. Diese zwei Zeugen sind nach der Anschauung unseres Spiels Henoch und Elias, die ja beide ein göttlich Leben führten und den Tod nicht sahen, sondern gen Himmel fuhren.

Simeon ergreift im Namen aller das Wort und fragt sie: Durftet ihr kein Weh bestehen? Seid ihr nicht in der Hölle gewesen? Warum seid ihr vor andern auserlesen?

Beide legitimieren sich nun vor der Altväterschar als jene „Zeugen Gottes, die im Paradiese sollten sein ohne jede Art von Pein, bis kommt der Antichrist ins Land: dann werden wir wieder herab gesandt, als Gottes wahre Prediger, die zeugen gegen die falsche Lehr. Dann wird man martern uns sogleich, so kommen wir dann ins Himmelreich."

Indessen sehen die Herankommenden außer Henoch und Elias noch einen dritten, der auch schon im Paradiese ist. Diesen redet David an und fragt ihn: Lieber Freund, wer bist denn du hier im Paradiesesgarten? Es ist der bußfertige Schächer (Luk. 24, 43), hier der Räuber genannt, denn das bedeutet ja jenes Wort. Er antwortet:

> Wißt ihr nicht, wes ich soll warten?
> Der Räuber bin ich, der am stillen Freitage
> Sprach zu Gottes Sohn mit seiner Klage:
> „Herr, wenn du kommst, das bitt ich dich,
> Ins Vaters Reich, denk auch an mich!"
> Da sprach er zu mir:
> „Amen, ja ich sagwe dir,
> Du sollst heut noch sein fürwahr
> Mit mir im Paradiese klar."

> Er sprach: „Dies Kreuz sollst du mit dir bringen.
> Und falls der Engel dir's wollt abdringen,
> „Engel Gottes, dies ist mein Wahrzeichen," sag,
> „Am Kreuz man Gott in sein Herze stach."
> Hier sollst du mich bewahren,
> Bis Christus selbst kommt hergefahren."
> Darauf warte ich allhier.

Und der Chor der Altväter antwortet:

> Darauf warten wir mit dir.

So sind die aus der Hölle Erlösten bis ans Tor des Paradieses gekommen. Der sie geleitende Engel weist nun mit bedeutsamen Worten darauf hin, wie einst Gott „erschuf ein Paradies der Lust, da ruhen sollte des Menschen Brust", wie es aber durch die Sünde der Menschen verloren ging. Er wendet sich an Adam, der es ja am besten weiß, wie das Paradies geschlossen wurde und ein Schwert seinen Eingang wehrte. Er hebt hervor, wie die Sünde den Frieden gebrochen, wie sie aber dennoch Gottes Liebeswerk nicht zerstören konnte. Nachdem länger als 5000 Jahr niemand ins Paradies hinein gekonnt, soll nun nach Christi Tod und glorreicher Auferstehung „das scharfe Schwert", welches davor gehängt war und das im Spiele noch davor hängt, nunmehr hinweggetan werden. Es vollzieht der Engel nun diesen Akt – und gewiß nicht ohne den tiefsten Eindruck auf die Zuschauer. Er nimmt das Schwert hinweg mit den Worten:

> Ihr sollt euch nicht mehr fürchten davor – :
> Tretet ein ins Paradieses Tor,
> Und wartet in dem wonnigen Saale,
> Bis daß euch Gott selber hole, –

nämlich hole in die vollendete Seligkeit. So zieht denn die erlöste Schar ein in das wiedergeöffnete Paradies.

Blicken wir zurück, so steht alles in einem wohldurchdachten festen und dramatisch zuträglichen Zusammenhange. Es ist uns zuerst gezeigt, wie die menschliche und die teuflische Klugheit den Sieg Christi zu schanden machen wollte; zweitens wie die teuflische Welt selbst zu schanden geworden ist; drittens wie sie den Sieg Christi selbst hat anerkennen müssen; wie die ihr entrissene Schar der Altväter, welche gläubig frohlockend den Sieg des Herrn bekannte, von dem auferstandenen Siegesfürsten erlöst und auf ewig gerettet ist.

Wie wird nun die Menschen Welt auf Erden sich zum Siege Christi stellen? Darauf antwortet die vierte Handlung.

Was sich bis dahin begab, gehört der Nacht der Auferstehung an. Vom Abend an, wo die Bestellung der Grabwache erfolgte, nähert sich die Handlung stetig dem Ostermorgen. Die Nacht der Auferstehung ist hin; indem der Ostermorgen anbricht, kehrt die Handlung auf die Erde zurück. Nun muß es sich auch da zeigen, daß Christus auferstanden ist und wie die Menschenwelt, zunächst die vier bestellten Grabeshüter, das leere Grab ansehen.

Die vier Ritter, die im Anfänge des Spiels es mit den vier Weltgegenden aufnehmen wollten, haben, wie Ritter Salmon sagt, „in der verfluchten Stunde Gut und Ehre verschlafen."

Ritter Sadoch sieht die Schande voraus, die sie bei Pilatus treffen werde und gibt den Rat, man solle der Schande, von Pilatus aus dem Lande gejagt zu werden, zuvorkommen und sich an Kaiphas wenden, damit dieser vermittle.

Der Rat wird befolgt und das Spiel erreicht durch diese Vermittlung sehr geschickt den Zweck, daß der Sieg Christi auch von der geistlichen Obrigkeit und von dieser zuerst bekannt werde.

Sehr verzagt treten die vier Ritter in die Judenschule ein, wo Kaiphas ist. Dieser wird durch ihre Meldung sehr erzürnt, beschimpft sie in gröblicher Weise und droht ihnen „das Nest zu rösten". Aber Ritter Boas van Thamar verliert auch jetzt seine Ruhe nicht. Er antwortet ruhig und treffend:

> Kaiphas, nun höre mal mich!
> Hätte dasselbe betroffen dich,
> So ließest du wohl dein Schelten.
> Beichtend muß ich die Wahrheit melden:
> Kaiphas, ich geb dir Bericht;
> Jesus ist in dem Grabe nicht;
> Er sollte wahrhaftig auferstehn
> Und nach Galiläa gehn.

So offenbar und kündlich groß ist die Tatsache der Auferstehung, daß auch der einfältigste und dümmste Mensch sie nicht leugnen kann, wenn er nur ehrlich ist, wie Boas v. Thamar. Was werden nun die Weisen und Klugen dieser Welt mit dieser schlichten Tatsache anfangen?

Auf das schlichte Zeugnis von Boas antwortet statt des Kaiphas nunmehr Hannas in großer Wut:

> Hör nur einer diesen Affen.
> Wie sollte ein Mensch vom Tode erstehn,
> Lebendig aus dem Grabe gehn?
> Wir haben das Grab mit Steinen bewehrt,
> Daß daraus kein Mensch nie fährt,
> Unser Insiegel ist davor gehängt.
> Er hat sich nicht herausgedrängt,
> Ohn daß man ihm geholfen da.

> Rechte Kälber seid ihr ja.
> Ihr habt schlecht das Grab bewacht.
> Ihr wollt doch nicht sein als Ritter geacht't?

Als aber Hannas sie so bei der Ritterehre angreift, da wird der vierte Ritter, Sadoch, ganz zornig und spricht, die hohe Geistlichkeit beleidigend und beschämend zugleich:

> Hannas, ein dummer Mann du bist,
> Die Sache bleibt doch wie sie ist.
> Ich will dir sagen Kunde schwer,
> Daß Jesus ist ein großer Herr.
> Ich habe es gesehn fürwahr,
> Ein Engel von dem Himmel klar
> Mit einem großen Glanze kam
> Und die Frauen zu sich nahm
> An das Grab und sprach zugleich:
> „Jesus von Nazareth, sag ich euch,
> Der ist wahrhaftig auferstanden
> Und ist in den galiläischen Landen."
> Eures Spottes hab ich genug.
> Geh und selber es untersuch:
> Du findest unverstört das Grab,
> Der Engel hub den Stein wohl ab.
> Anders kann das nimmer sein:
> Christ hat überwunden des Todes Pein.

Darauf treten die Juden zu einer Beratung zusammen. Stehen die Wächter selbst als Zeugen der Auferstehung da, so erscheint die ganze hohepriesterliche Klugheit und Gewalt als besiegt und zu schanden geworden: das aber gerade soll verhütet werden. Waren also Kaiphas und Hannas eben noch grob gegen die vier Ritter, so bitten sie diese nun sehr höflich, von dem Geschehenen zu schweigen: man will ihnen nicht nur keinen Vorwurf machen, sondern auch reichlich Geld geben, auch Fürbitte bei Pilatus einlegen, daß er sie, die vier Ritter nicht aus dem Lande jage; sie sollen nur sagen, die Jünger seien gekommen und hätten den Leichnam gestohlen.

Der erste Ritter willigt ein; nur dem Pilatus, meint er, müsse die volle Wahrheit gesagt werden. Ist er doch ihr Lehnsherr und der darf nach deutscher Anschauung unter keiner Bedingung getäuscht werden.

Dann gehen die Vier wieder zum Grabe, denn dort müssen sie sein, falls Pilatus nach ihnen sendet. Das geschieht nun auch alsbald. Ein Knappe entbietet sie zu ihrem Herrn, sie sollen kommen und an Pilatus Tafel den Passah-Braten essen.

Pilatus fragt sofort, wie es ihnen am Grabe ergangen sei. Salmon antwortet kurz und gut:

Jhesus de is upghestan.

Und darauf erzählt er, wie der Engel gekommen, den Stein abgewälzt und ihnen Verstand und Sinn benommen habe. Die Engel hätten dann Jesum aus dem Grabe erweckt und mitten zwischen sich lebendig und mit großer Freude davon geführt; das alles habe er im Schlafe gesehen. Das ist dem Pilatus denn doch zu viel:

> Schlieft ihr, wie konntet ihr das sehn?
> Das kann nicht wohl zusammenstehn.
> Seid ihr nun Schlafes satt?
> Man sollte euch machen ein Fingerbad,
> Daß ihr an dem Grabe geschlafen,
> Man sollte euch mit Stricken strafen.
> Daß ihr seid vom Ritterorden,
> Heute ist mir's klar geworden.
> Ihr seid Helden zu der Not;
> Ihr verdienet alle nicht ein Hellerbrot.

> Ihr seid Helden, dahin man soll fliehn:
> Sitzt nieder, euch soll man den Daumen ziehn.

Nachdem er sie so mit der Folter der Daumschrauben bedroht hat, jagt er sie schließlich alle fort:

> Was hilft es, daß ihr länger noch säumt?
> Mit Schanden fort! – Meinen Hof geräumt!

Die von Pilatus Hof als untreue Vasallen Fortgejagten ziehen nun schmachbeladen ab und wieder zu Kaiphas. Sie melden ihm, wie Pilatus sie behandelte und drohen dem Hohenpriester zugleich, überlaut und frei den Sieg Christi zu verkündigen, falls er nicht dafür sorge, daß sie bei Pilatus wieder zu Brot und Ehren kommen.

Kaiphas verspricht denn auch, den Pilatus zu stillen und gibt ihnen einen Brief an ihren Herrn, mit welchem sie wieder von Kaiphas zu Pilatus ziehen. Pilatus, der wie die meisten deutschen Herrn des Mittelalters nicht lesen kann – auch hier wieder eine Übertragung deutscher Zustände auf Land und Leute der heiligen Geschichte – läßt seinen Schreiber rufen. Dieser kommt und liest den Brief vor, der für Pilatus sehr schmeichelhaft lautet und seinen Zweck auch nicht verfehlt. Die darin vorgetragene Bitte wird erfüllt. Pilatus nimmt die eben fortgejagten Ritter wieder in seinen fürstlichen Frieden und gibt ihnen ihr Lehen zurück. Aber indem er das tut, unterläßt er einerseits nicht, seine Hände gleichsam von neuem in Unschuld zu waschen und bekennt andrerseits zugleich mit den Rittern – und damit ist der Zweck dieser Szene erreicht – den Sieg des Auferstandenen, einen Sieg, den also weder die Teufel, noch die Menschen, weder die geistliche, noch die weltliche Obrigkeit leugnen können.

Ich nehme, das sei den Juden beschieden –
Euch wieder aus in meinen Frieden.
Bleibet meine Mannen treu
Und nehmet hier von mir aufs neu
Euer Gut und eure Lande.
Mich dünkt, die Juden trifft große Schande.
Sie mögen es wenden her und hin,
Ich kann nichts Wahres finden drin.
Ihr ganzes Reden, richtig verstanden,
Brachte sie selber töricht in Schanden.
Durch sie allein ist Jesus gestorben.
Sie haben sich ewig Herzleid erworben.
Er war hergekommen von Gott
Und ist wahrhaftig erstanden vom Tod.
Das möchten sie schweigend gerne bedecken,
Müssen aber alle noch lange dran schmecken.
Sie haben es selber zuvor gesprochen,
Was nun an ihnen wird gerochen.
Wie gerne ich Jesum wollte befrein,
Ich wollt seines Blutes unschuldig sein,
Da riefen aber sie alle
Mit überlautem Geschrei und Schalle:
„An seinem Blute wir schuldig sind,
Es komm über uns und unsere Kind!"
Nun muß es über sie wohl kommen
Zu ihrem großen Unfrommen.

Mit Recht sieht Pilatus in dem Totschweigenwollen des Sieges Christi seitens der geistlichen Obrigkeit ein nur um so lauteres Bekenntnis desselben. Und so haben die Grabeswächter samt der weltlichen und geistlichen Obrigkeit die glorreiche Auferstehung bezeugt. Nachdem diese Trilogie des Bekenntnisses vollendet ist, schließt der erste Teil unseres Spiels, das wir gewiß als ein echtes Kunstwerk anerkennen werden. Die Einheit der Handlung ist streng gewahrt. Es muß uns dies Osterdrama erst recht wertvoll erscheinen, wenn wir es mit dem Innsbrucker Spiel vergleichen, das ihm zur „Vorlage" gedient haben soll. Aus diesem kann man unbeschadet der Einheit der Handlung mindestens sieben Auftritte Herausschneiden: – die Klage der Marien; den Salbenhändler; die drei Frauen; den Quacksalber; den Händler und die Frauen; den Händler und sein Weib; die Entführung des Weibes – nebenbei einige 400 Verse! Das versuche einmal einer mit dem Redentiner Spiel. Da ist alles ein geschlossenes Ganzes. Nirgends ein müßiges Beiwerk. Auch die letzten ergetzlichen Szenen dienen der strengen Durchführung des dramatischen Gedankens, daß alle den Sieg Christi bekennen sollen. Und auch das ist wohl motiviert, daß das Spiel der geistlichen wie der weltlichen Obrigkeit die vier Wächter so oft zugeschickt, bis beide bekennen. Wir finden sie zweimal vor Kaiphas und zweimal vor Pilatus. Es soll uns gezeigt werden, wie sowohl der weltlichen wie der geistlichen Obrigkeit das Bekenntnis vom Siege Christi abgerungen und abgedrungen werden muß: aber bekennen müssen beide, und sobald dies geschehen ist, schließt das Spiel in seinem ersten Teile.

Aber auch die nun folgende fünfte Handlung, das sog. Teufelsspiel ist kein bloßes Anhängsel, sondern erscheint mit dem Vorausgehenden einheitlich verbunden, ja nach der Ökonomie des Ganzen als ein wesentlicher Teil desselben.

Ist nämlich der Sieg des auferstandenen Lebensfürsten ein so gewaltiger, daß ihn die teuflische wie die menschliche Welt anerkennen muß, so soll uns dieser Sieg doch nicht sicher machen. Gerade deshalb, weil der Teufel durch Christi Auferstehung an seinem Reich einen so großen Abbruch erlitten hat, sucht er nur umsomehr mit Aufwendung aller Macht und List die Welt zu verführen und sein

Reich wieder zu füllen, oder, mit der heiligen Schrift zu reden: er geht herum wie ein brüllender Löwe und suchet, wen er verschlinge. Eben diese Wahrheit führt der zweite Teil des Redentiner Spiels aus und wir haben hier geradezu „ein Muster des ernsten Lustspiels" (Mone). Ja es ist dies Teufelsspiel, wie Willen[54] sagt, sogar die wichtigste Partie des Ganzen; denn hier werde gezeigt, wie die Erlösungtatsache die Macht der Hölle nur zu geschärfterer Feindschaft gegen die Menschenwelt antreibe und wie diese, will sie im alten Schlendrian fortleben, nur um so sicherer zur Hölle steure.

Seine volle Bedeutung aber empfängt dies Teufelsspiel dadurch, daß es zugleich als ein Beichtspiegel ernstester Art erscheint, in welchem jeder, welches Standes er auch sei, sich besehen soll.

Mit Feinheit faßt dies Spiel gerade die Standessünden ins Auge, mit denen man es sonst so leicht nimmt und in betreff deren sich jedermann für entschuldigt hält. Selten ist wohl die Komik mit so tiefem Ernst verbunden wie hier.

Wie ernst das Teufelsspiel gemeint sei, sagt uns auch der Conclusor, der Schlußredner:

> Wir wollen uns freuen nun an Gott
> Und erfüllen sein göttlich Gebot
> Und leben all in Gottes Gnaden,
> So kann uns der böse Geist nicht schaden.
> Denn also habt ihr es hier gesehn –
> Und wollet's merken und verstehn,
> Wie die bösen Geister darnach ringen,
> Daß sie die Leute in Sünde bringen:
> Das tun sie dem Menschen aus Neid und Haß,
> Daß er nicht komme zur Freude, die er einst besaß.

---

54 Geschichte des geistlichen Spiels. Göttingen 1872.

Nun ist uns zuletzt im Vorbild beschrieben,
Wie die Leute aus allen Ständen werden
zur Hölle getrieben.
Das beziehe niemand als Hohn auf sich,
Doch hüte ein jeder vor Sünden sich säuberlich.
Des Argen geschieht leider noch mehr und zu viel.
Als daß man's könnte aussagen im Spiel,
Oder jedermann könnte beschreiben.
Geb Gott, daß wir alle bei ihm bleiben
In seinem ewigen Reich:
Dazu verhelf Gott uns allzugleich!
Denn Christus hat uns alle gerochen
Und hat dem Teufel die Hölle zerbrochen,
Und hat uns das Paradies gegeben,
Daß wir da ewig mit ihm leben.
Des wollen wir uns freuen in allen Landen.
Und singen: Christ ist erstanden.

Wir nannten unser Spiel ein Drama des Bekenntnisses Dasselbe hat uns vom Himmel durch die Welt zur Hölle geführt und überall hörten wir, wie der Sieg Christi bekannt und bezeugt wurde, freudig bekannt wurde von den Engeln, die mi ihrem Zeugnisse vom Himmel zum Grabe kamen und ihr herrliches Wecklied anstimmten, mit Zittern zwar bekannt, aber doch bekannt wurde von der Hölle. Wir sahen, die Teufel „glauben und zittern"; aber auch den Großen dieser Welt ward dies Bekenntnis abgenötigt.

Nun aber lebt auf Erden inmitten der gottfeindlichen, in der Erde Lust und Last verstrickten Welt eine Gemeinde, die Kirche. Ihr Bekenntnis hatten wir noch nicht vernommen und es würde dem Ganzen die Spitze, der Dichtung die Krone fehlen, wenn allüberall der Sieg des Herrn bezeugt würde, nur nicht von der Kirche. Sie hören wir nun zuletzt und im Gegensatz zur Hölle den Sieg des Auferstandenen mit jubelnder Freud bekennen. Die Dichtung schließt nicht ab mit dem Bekenntniss der Hölle, sondern mit dem der Kirche.

Der Schlußredner fordert die zuschauende Gemeinde dazu auf mit den Worten: „Wir wollen uns freuen nun an Gott."

Die Freude an dem Herrn ist die Stärke seiner Gemeinde, zumal die Freude an dem auferstandenen Christus, die Osterfreude. Denn wo wäre eine Kirche, wenn Christus nicht erstanden wäre? Um einen toten Christus kann sich keine Gemeinde sammeln. Nun aber sammelt sie sich in allen Landen um den, der tot war und ist lebendig geworden und lebet in Ewigkeit. Wie könnte sie aber ihrer Osterfreude einen einfacheren und zugleich kräftigeren Ausdruck geben, als mit jener alten österlichen Matutin, die uns *Psaltes ecclesiasticus* (1550) überliefert ist mit den Worten: *„Hie jubiliert die gantze Kirche mit schallender hoher stim und unsäglicher freud."*

Christ ist erstanden
Von der Marter Banden.
Des sollen wir alle froh sein,
Christ will unser Trost sein.
Kyrie eleison.
Wäre er nicht erstanden,
So wäre die Welt zergangen,
Weil er aber erstanden ist,
So loben wir den Herrn Jesum Christ.
Kyrie eleison.

Dies Bekenntnis hören wir denn auch zu Redentin. Die Handlung, die am Abend des Ostersabbaths begann, schließt in der Frühe des Auferstehungsmorgens, des Königstages, den man mit jener Matutin begrüßte, sowie noch in Goethes Faust in „des Osterfestes erster Feierstunde" dieser „tröstliche Gesang" erschallt. Das Volk war sich in der vielbewegten und doch einheitlichen dramatischen Darstellung der Bedeutung der Auferstehung des Lebensfürsten voll und klar bewußt geworden, es hatte sie geistig neu erlebt, und wenn man nun vom Osterspiel zur Kirche zog, so brauchte man sich dessen nicht zu schämen, denn dies Drama führte nicht von der Kirche ab, sondern zu ihr hin. Inzwischen nämlich war der Anbruch des Tages nahe, und freudig sah man dem ersten Lichte des neuen Morgens entgegen, wo sich etwa gegen 4 Uhr das Höchste der Feier vorbereitete in dem Moment, in welchem mit dem ersten Strahl der Sonne das große Halleluja erscholl, begleitet vom Klange aller Glocken. Auf diesen Höhepunkt des ganzen Kirchenjahrs versetzt uns auch Goethes „Faust".

9. Goethes Faust als Osterdrama

Es ist die in den „festlich hohen Morgen" übergehende *nox angelica*, in welcher Goethe uns seinen Faust darstellt im ersten Teile seiner Tragödie, dem gewaltigen Osterdrama der neueren Zeit.

Hundert Jahre sind nun verflossen, seit Ostern 1790 die erste Ausgabe des Goetheschen Faust erschien, das Werk eines ganzen reichen Lebens, an welchem der Dichter seit 1772 noch bis wenige Wochen vor seinem Tode im Jahre 1832 arbeitete, so daß ein sechzigjähriger Zeitraum dazu gehörte, um uns ein Drama zu bieten, welches seinerseits gleichfalls den Verlauf eines ganzen Menschenlebens umfaßt. Aber jene Ausgabe vom Jahre 1790 war noch kein Osterdrama. Es fehlte damals noch sowohl jener Monolog, in welchem der tieftraurige Faust im Begriff steht, in gotteslästerlicher Verblendung den entsetzlichen Selbstmord zu begehen, als auch die Osterszene mit den mächtig und gelind ihn im Staube suchenden Himmelstönen der Glocken und dem ergreifenden, großartig schlichten Chorgesang: „Christ ist erstanden", jener Lebensbotschaft, welche mit Gewalt den Giftbecher ihm vom Munde zieht.

Indem aber dieser Teil fehlte, fehlte zugleich dem ganzen Drama, wie Goethe selbst klar erkannte, die innere Einheit und die psychologische Motivierung der gesamten Handlung. Es fehlte der Ausgangspunkt, der Terminus, a quo, das Ereignis, von welchem aus mit der schließlichen Abweisung der Osterbotschaft der grause Gang vom Himmel durch die Welt zur Hölle beginnt. Erst mit der im Jahre 1808 vollendeten und hinzugefügten Osterszene ist dieser

Terminus, a quo gegeben und damit das ganze Drama ein Osterdrama geworden, welches mit seinen drei Osterbildern, dem des einsamen Grüblers, dem der triumphierenden Gemeinde und dem der Kinder dieser Welt für alle Zeit bedeutungsvoll dasteht.

Daß wir damit keine leere Behauptung aufstellen, bezeugt am besten Goethe selbst, der seinen Faust, ehe die Osterszene ausgenommen war, immer als ein unbefriedigendes Bruchstück betrachtete, wie er dementsprechend auch schon in jener ersten Ausgabe der Tragödie dieselbe auf dem Titelblatte ausdrücklich „ein Fragment" nannte und folgerecht auch nur so nennen konnte, bis endlich im Jahre 1808 Faust als ein einheitliches Ganzes erschien mit jenem Höhepunkt, von dem ab nun die Peripetie, die Schicksalswendung des Dramas wie des Menschenlebens selbst in psychologisch motivierter Weise erfolgt. Wo in der Zeit von 1790 bis 1808 von Goethes Faust die Rede ist, da ist immer, um mit Goethe selbst zu reden, nur jenes „Fragment" gemeint, „das Werk mit der großen Lücke". Nannte es doch auch Schiller im Vermissen der inneren Einheit und der eigentlichen Krisis in Faustes Leben „den Torso des Herkules". Dann aber wurde in der Zeit von 1796 bis Ostern 1808 die große Lücke ausgefüllt und dem Werke die innere Einheit gegeben mit jener Peripetie, jener Wendung, die an ergreifender Lebenswahrheit und psychologischer Perspektive von solcher Tiefe und Tragweite ihresgleichen in den Dichtungen aller Zeiten und Völker sucht und solche nur findet im Parzival, dem psychologischen Epos Wolframs von Eschenbach.

Bedeutsam aber wird es für alle Zeiten bleiben, daß die beiden Blütezeiten unserer Literatur, die mittelhochdeutsche und die neuhochdeutsche Zeit uns nicht nur die beiden großartigsten psychologischen Dichtungen unseres Volks, wo nicht aller Völker gaben, sondern auch, daß in jenem psychologischen Epos wie in diesem psychologischen Drama gerade die beiden bedeutungsvollsten Feiertage der Kirche als die Höhenpunkte erscheinen, auf denen die Krisis, die Wendung und definitive Entscheidung ihrer beiden Hauptgestalten erfolgt[55]. Eindringlicher konnten beide Dichter schwerlich predigen, daß Karfreitag und Ostern mit ihrer kirchlichen Feier der größten Taten Gottes, die je auf Erden geschahen, zugleich kritische Tage für das menschliche Seelenleben sind, Tage, von denen ab es mit der unsterblichen Seele entweder aufwärts aus der Hölle der Selbstverdammnis durch die Welt zum Himmel, oder aber abwärts vom Himmel durch die Welt zur Hölle geht. Denn nur zwei Wege hat der Mensch vor sich, und wie das Wort Gottes selbst, so werden auch Karfreitag und Ostern uns entweder „ein Geruch des Lebens zum Leben", oder aber „ein Geruch des Todes zum Tode", wobei nicht übersehen werden darf, daß Faust genau in dem Maße auch die Naturfreude stetig mehr verliert, als er des Glaubens und der Heilsfreude verlustig geht, was von den Auslegern übersehen, vom Dichter aber, wie wir das an einem andern Ort zu zeigen gedenken, in unverkennbarer Weise dargestellt ist. Schiede man aber aus Wolframs Parzival die Karfreitagsszene aus, so würde das ganze Epos eben so nur ein Fragment, ein Werk mit klaffender Lücke werden, wie Goethes Faust ohne die Osterszene, während wir so ein Karfreitagsepos und ein Osterdrama besitzen wie kein anderes Volk der Welt. Und wie das ganze göttliche Heilswerk selbst ohne die kündlich großen Tatsachen des Karfreitags und des Osterfestes nicht gedacht werden kann und ebenso das evangelische Kirchenjahr ohne diese beiden Tage in sich zerfallen würde, so erscheinen dementsprechend

---

55 Vgl. meinen Karfreitag in deutscher Dichtung S. 24 – 41: Der Karfreitag im Parzival Wolframs von Eschenbach.

gerade diese beiden Tage als die Höhepunkte in den Werken der beiden Dichterfürsten unseres Volks, welches den Karfreitag einst nannte „den Tag so schwarz und trübe, wie finstre Mitternacht, den Tag so warm an Liebe, wie's keine Sonne macht", und andrerseits Ostern entgegenjubelte:

> Willkommen seist du, fröhlicher Ostertag!
> Willkommen seist du, auserwählter Sonntag!
> Du bist aller Tage Ehre,
> Des ganzen Jahrs ein gewaltiger Herre[56].

---

56 Auch niederdeutsch im Spegel der samitticheit a. 1507. Bl. 128:
Wilkame sistu vrolike osterdach!
wylkame sistu utherwelde sondach!
du bist aller dage ere
unde alle des yars ein weldich here.

10. Österliche Heils- und Naturfreude in kirchlicher und weltlicher Dichtung

Wo hat Ostern, das Urfest der Christenheit, einst wie kein anderes Fest das Leben unseres Volkes getröstet und geschmückt in einer sich stets steigernden Heils- und Naturfreude. Welch ein Strom jauchzender Osterfreude geht durch unser Kirchenlied, dessen Behandlung hier umsomehr unterbleiben darf, weil sie nicht nur schon an anderm Ort erfolgt ist[57], sondern auch weil eigentlich jedes kirchliche Gesangbuch schon bezeugt, wie voll und tief jener Strom deutscher Osterfreude geht.

Aber auch auf das weltliche Volkslied soll hier wenigstens hingewiesen werden und zwar umsomehr als hier österliche Heils- und Naturfreude sich innigst verbinden. Denn Naturwelt und Seligkeitswelt sind dem tiefer schauenden Auge im letzten Grunde eine Welt. Als eine und dieselbe Welt hat sie auch unser Volk geschaut und darum österliche Heils- und Naturfreude in seinen Dichtungen innigst vermählt, wie z.B. in dem kleinen Liede:

> Triumph, Triumph! Es kommt mit Macht
> Der Siegesfürst heut aus der Schlacht,
> Und seines Reiches Untertan
> Haut heut sein Triumphfest.
> In Freuden Tal und Wälder stehn,
> Schön Blümlein aus der Erden gehn,

---

[57] In meinem „Christoforus". Leipzig 1882, Dörffling L Frauke. S. 160 – 201, wo die kirchlichen Osterlieder vom 4. bis zum 17. Jahrhundert behandelt sind.

> Ihr Zierrat und Tapezerei
> Zeigt, daß der Schöpfer Sieger sei.

In hochschwebender deutscher Osterfreude sind dem wahrhaftig Auferstandenen die herrlichsten Lieder gesungen in und außerhalb der Kirche, Lieder, in denen Natur-, Licht-, Lebens-, Helden- und Heilsfreude pulsieren. Jauchzender Osterjubel ist unseres Volkes edles Erbteil gewesen schon von jener Zeit an, als es die leuchtende Ostara festlich begrüßte. Und als es mit seinen Herzögen und Helden unter die Siegesfahne des Auferstandenen trat, da erscholl vollends triumphierender Osterjubel dem, der da tot war und herrlich auferstand und nun als welt- und völkerbeherrschender Siegesfürst lebt in Ewigkeit. Er erschallt in den Kirchen „in hoher Stimme und unsäglicher Freude"; er erschallt laut auch in der weltlichen Dichtung durch alle Jahrhunderte, wie z.B. in jenem Liede Konrads von Queinfurt († 1382): „Du Lenze gut, des Jahres teuerste Quarte"[58], wo es in Strophe 3 und 5 heißt:

> Sei hochgelobt, Freudentag, gegrüßet,
> Gelobet sei Der immer mehr,
> Der dich mit seiner Auferstehung süßet,
> Christ, Osterlamm und Opfer hehr.
> Denn unsern Tod dein Tod macht sterben,
> Und darum können wir nun erben
> Mit Ihm in seines Vaters Reich.
> Der laubige Wald, die Saat, der Klee, die Blumen,
> Die neigen sich zu Liebe dir,
> In Freuden groß sieht man sie heute rühmen,
> Christ, auf dein Lob steht ihr Begier.
> Und wenn sie heute könnten sprechen,

---

58 In meiner „Christoterpe", Parchim 1869, S. 115f.

> An ihnen würd es nicht gebrechen,
> Sie lobten dich, Herr, allzugleich:
> Da in dem Streit du hast gesiegt,
> Des Todes Fürst darnieder liegt,
> Sein groß Gewalt nach scharfem Streich.
> Laßt euch in hohen Freuden heute hören!
> Laßt klingen hellen süßen Klang.
> Ihr Laien, Pfaffen singt in vollen Chören:
> Ein Widerstrei[59] sei euer Gesang!
> Nun singet: „Christus ist erstanden
> Heute von des Todes Banden,"
> Und wendet allen Fleiß daran!
> Ihr sollt euch mit dem Osterlamme speisen[60]
> Und trinken auch sein heilig Blut,
> Mit Lob den wahren Lebensfürsten preisen,
> Daß er euch solche Güte tut.
> Ja lobt den Heiland, der euch freiet,
> Ein Freudenjahr gar laut ausschreiet:
> Der Knecht wird nun ein freier Mann.
> O Lenz, du hast ein teures Lehn,
> Dich teuret Christi Auferstehn,
> Der freit uns aus des Todes Bann.

Und wie unser Volk in seiner österlichen Vorfreud schon den Palmsonntag *ôsterbluomtac* oder auch *bluomôstertac* nannte, so begann nun mit Ostern des Jahres *hôhgezît*, da regen sich alle alten Wurzeln,"[61] – alle alten Wurzel in der Natur- und Heilswelt, zumal die alten Wurzeln des Glaubens, der Liebe, der Hoffnung für alle Traurigen, Mühseligen und Beladenen, welchen der Auferstandene ja in unser

---

59 d.h. ein Wettgesang. Vgl. oben S. 21. 33.

60 Vgl. oben S. 51: *In nocte Paschae qui non communicat, fidelis non est.*

61 Myst.. 59, 3.

kirchlichen Festen seinen Festsegen und Festgruß: „Ich lebe und ihr sollt auch leben" besonders entbietet. Und in diesem Sinne erklingt unsere deutsche Osterdichtung durch alle Jahrhunderte; in diesem Sinne tönt sie auch aus in dem niederdeutschen Osterliede[62]:

Wak up! wak up! Tom Slap is nich mehr Tid,
 De lange swarte Nach is nu verswunn.
Stah up! stah up! Dar schient al wid un sid
 De Sünn int Land to fröhe Morgenstunn.
De Wischen grönt ümweiht von Vroejahrsluft;
 De Blöm kikt ut dat Gras vull söten Duft;
De Böm slan ut, dat reckt sik alltomal,
 Un neeg un feern singt ball de Nachtigall:
De Welt is jung worn, jung worn oewer Nach,
 Wak up! stah up! Denn hüt is Osterdag.

In Finternis leeg dar de ganze Eer,
 To Borrn hungen deep de Twieg un Aest heraf,
As lut ant Krütz den Geist upgeef uns Herr,
 Un sinen Liv ümfat dat Felsengraff.
Wo is din Stachel, Dod? un Höll din Sieg?
An'n düffen Dag brok wunnersames Lich
Hendoerch mank Newelflot un Dunkelheit,
 Un voer Maria hell-lich Jesus steit.
O Welt, o Minschheit! Gnad keem oewer Nach,
 Wak up! stah up! Denn hüt is Osterdag.

Wak up! wak up! De Truerengel treckt
Fuchdi vun Thrans nich doer de Schöpfung mehr.
Stah up! stah up! Wit warmen Lenzkuss weckt
 De Frieheit niees Leben rings umher.

---

62 Gaerdtz Julklapp! Leeder un Läuschen. Hamburg 1879.

Un find tut Sorg din Hart keen Rau noch Trost,
Wes still! Hüt senkt sik Freeden in din Bost.
Un hest de Ogn vun'n Leevling du todrückt,
Dat Weenen lat! De Dod de Seel ni plückt.
„Christ ist erstanden" un henlank de Nach.
Wak up! stah up! fier freudig Osterdag!

www.ingramcontent.com/pod-product-compliance
Lightning Source LLC
Chambersburg PA
CBHW021710230426
43668CB00008B/789